KB193483

살아있는 나무 그리고 죽은 가지들: 내적 치유 이야기

살아있는 나무 그리고 죽은 가지들
내적 치유 이야기

제니 오 지음 | 이사라 옮김

카리스
아카데미

살아있는 나무 그리고 죽은 가지들
내적 치유 이야기

2023년 8월 23일 초판 1쇄 발행

지은이 | 제니 오
옮긴이 | 이사라

발행인 | 이창우
기획편집 | 이창우
표지 디자인 | 이창우
본문 디자인 | 이창우
교정·교열 | 지혜령

펴낸곳 | 도서출판 카리스 아카데미
주소 | 세종시 시청대로 20 아마존타워 402호
전화 | 대표 (044)863-1404(한국 키르케고르 연구소)
편집부 | 010-4436-1404
팩스 | (044)863-1405
이메일 | truththeway@naver.com

출판등록 | 2019년 12월 31일 제 569-2019-000052호

책값은 뒤표지에 있습니다.
ISBN 979-11-92348-22-3(03230)

저의 멘토였던 고 윤수인 목사님께
감사의 마음을 담아 이 책을 바칩니다.
목사님은 제가 삶 가운데 폭풍우를 만났을 때
달려가 피할 수 있는 안전한 요새 같은 분이셨습니다.
목사님은 제게 내적 치유에 대해
가르쳐 주셨을 뿐만 아니라
내적 치유 사역자가 된다는 것이
어떤 의미인지 몸소 보여주신 분이었습니다.

실제로 많은 이들을 치유하셨던
우리 주 예수 그리스도의 사역과 비전과 소망을
따라가며,
또한 목사님께 배운 치유사역의 실제를 통해,
저희도 또한 이 시대의 많은 사람의 내면을 치유하도록
길을 열어 주신 것을,
영원하신 우리 주 예수 그리스도께 깊이 감사드리며,
윤수인 목사님께도 감사를 전해 드립니다.

《살아 있는 나무 그리고 죽은 가지》는 저자의 평생 사역을 압축해 놓은 보석 같은 책이다. 진귀한 보석은 하루아침에 만들어지지 않는다. 오랜 세월의 엄청난 압력을 견뎌내면서 만들어지는 것이 보석이다. 바닷속에 감추인 보석을 꺼내기 위해서는 깊은 곳으로 들어가야 한다. 저자는 선교지에서 만난 사람들의 깊은 상처를 치유하기 위해, 성령님과 함께 깊은 곳으로 들어가서 그들의 상처를 치유하는 일을 하고 있다.

내적 치유 사역은 결코 쉬운 사역이 아니다. 그 이유는 영적 전쟁을 함께 해야 하는 사역이기 때문이다. 저자는 상처 입은 치유자다. 먼저 자신의 깊은 상처를 치유한 경험을 통해 많은 사람의 상처를 치유하는 사역을 하고 있다.

탁월한 의사는 병을 치유하는 것이 아니라 환자를 치유한다. 탁월한 사역자는 상처 입은 영혼에 나타난 현상뿐만 아니라 그 상처의 근본 원인을 찾아 치유한다. 저자의 내적 치유 사역은 전인적 치유에 초점을 맞추고 있다. 상처를 치유해 줌으로 예수님이 제공해 주시는 풍성한 삶을 살도록 도와준다. 다른 사람의 상처로부터 도피하지 않고 그 상처를 대면하면서 치유의 빛을 비추어 준다는 것은 아름다운 일이다. 저자의 내적 치유 사역은 과거로 돌아가서 과거에 머물게 하는 사역이 아니다. 과거를 치유함으로 현재의 삶을 풍성하게 만들어 주고, 밝은 미래를 향해 나아가도록 돕는 사역이다. 저주 아래 있는 상처를 십자가 아래로 옮겨와서, 자신의 상처가 변장 된 축복임을 깨닫게 해 주는 사역이다. 상처를 치유함으로 과거를 예수님과 함께 바라보게 하고, 과거를 새롭게 태어나게 만들어 주는 사역이다.

이 책의 장점은 단순한 이론서가 아니라 많은 임상 사례를 소개하고 있다는

데 있다. 이 책을, 내적 치유 사역을 하고 있는 사역자들에게 추천하고 싶다. 치유되지 않은 상처 때문에 고통 속에서 살아가는 분들에게 추천하고 싶다. 상처가 없는 사람은 없다. 사람은 누구나 상처와 더불어 살아간다. 중요한 것은 그 상처를 독이 아니라 진주로 만드는 것이다. 이 책은 상처가 진주로 되도록 도와주는 책이다. 그래서 보석 같은 책이다.

강준민_L.A. 새생명비전교회 담임목사

제니오 선교사님의 "살아있는 나무 그리고 죽은 가지들: 내적 치유 이야기"는 오랜 세월 성령님과 동행한 경험과 지혜를 담은 책입니다. 내적 치유의 성경적 원리와 실제적인 내용, 그리고 영적 전쟁에 관한 통찰까지 방대한 내용을 한 책에 담고 있습니다. 버클리 대학의 선배로 그리고 예수 안에서 한 형제로 자랑스럽게 생각하는 밥오 목사님과 제니 사모님의 헌신된 삶은 끊임없는 간증과 믿음을 보여줍니다.

오이코스 교회에서의 사역부터 캄보디아까지의 선교 사역에 이르기까지, 두 분이 보여주신 열정과 헌신은 많은 이들에게 큰 도전을 주었습니다. 특히 제니 사모님의 내적 치유 사역을 통해 많은 사람들이 상처에서 회복하고, 다시 삶의 희망과 기쁨을 찾을 수 있게 되었습니다.

이 책은 그런 풍성한 경험을 바탕으로, 상처와 고통, 그리고 그것을 넘어서는 성령의 능력에 대해 이야기합니다. "살아있는 나무 그리고 죽은 가지들"은 하나님의 치유의 능력이 우리의 망가진 삶을 다시 회복시킬 수 있음을 보여주는 귀중한 자료입니다. 강력히 추천합니다.

고성준 _수원하나침례교회 담임목사

먹고 사는 것이 최대의 과제였던 시대가 있었다. 그때 사람들은 모두 다음 끼니를 걱정해야 하였고, 대책없이 태어나는 자녀들을 건사하는 것이 버거웠던 시절이었다. 그래서 그때는 내면을 바라볼 시간도 여유도 없었다. 태어나게 한 것에 대한 보상을 당당하게 요구하던 것이 불과 몇 십년 전의 일이다. 그런 어려운 시대를 지내며 자라온 세대, 그리고 그 세대가 낳아 키운 다음 세대에서 풍부한 물질로도 절대 해결되지 않는 문제들이 발생한다.

그것이 바로 이 내적치유가 필요한 이유이다. 저자의 말처럼, 살아 있는 나무에 달려 있는 죽은 나뭇가지처럼, 겉으로 보기에는 모든 기능을 하고 있는 듯 하지만 실제로는 그 안에 생명이 없는 삶을 살고 있는 사람들을 위한 책이다.

가끔 목회의 현장 가운데, 전혀 이해할 수 없는 행동을 하는 사람이 있다. 상처 받을 상황이 전혀 아님에도 발끈 화를 내든지, 별것 아닌 것 같았던 상대의 말 한마디에 정신줄을 놓은 듯 행동하는 사람을 보며 무엇이 저 사람을 이토록 힘들게 하는가 이해하지 못할 때도 있었다.

내면의 상처는 실제로 존재하는 것이다. 힘든 세월을 견뎌온 우리 조상들에게서 태어난 우리 모두 크든지 작든지, 내면에 상처를 가지고 있다는 것이다. "살아있는 나무에 달려 있는 죽은 나뭇가지들"은 우리에게 구체적인 사례들을 통해 우리의 모습을 보게 하고, 우리 자신의 문제와 더불어 함께 하고 있는 사람들의 문제를 이해할 수 있는 단초를 제공한다. 그래서 나를 이해하게 되고, 다른 사람을 이해할 수 있게 되고, 함께 이 상처들을 극복해 나가면서 더 건강하고 든든한 가정, 공동체를 이루어 가게 될 것을 믿는다.

오랜 시간동안 임상을 하며 많은 분들의 상처를 치유하고, 그 사례들을 나누어서 더 많은 사람들의 상처를 치유하게 도와줄 이 책을 적극 추천한다.

권준_시애틀 형제교회 담임목사

제니 목사님의 책 "살아있는 나무, 그리고 죽은 가지들: 내적치유 이야기"는 제니 목사님이 30년 가까이 행했던 치유사역의 결과물입니다. 이런 귀한 책이 출판되어 독자들에게 읽혀지는 기회가 됨에 기쁨을 감출 수가 없습니다. 제니 목사님과 저는 한 스승 밑에서 훈련받은 제자들이었습니다. 제니 목사님은 영어권에서, 저는 한어권에서 치유사역을 하며 필요할 때는 협동하여 서로의 사역을 돕는 동역자입니다. 오랜 시간 지켜본 제니 목사님은 늘 기도와 말씀으로 하나님 안에 거하기 위해 애쓰셨습니다. 어려운 상황에서도 하나님의 음성을 듣고 기꺼이 순종하며 영혼들을 돌보시고 그들을 자신과 같은 치유 사역자로 세우셨는데, 그 열매는 캄보디아에 세워진 "오아시스 하우스"를 통해 볼 수 있습니다.

책의 내용은 내적 치유에 대해 매우 세밀하게 설명하고 있으며 다년간 경험하고 수집한 치유의 경험을 통한 예화들은, 성령님께서 어떻게 한 영혼을 만지시며 치유하시는가를 기록하고 있습니다. 이것은 성경에 기록되어 있는 치유에 대한 내용이 비단 예수님 때에 국한된 것이 아니라 예수님의 제자 된 성도들을 통해 지금도 실재적으로 일어나고 있는 사역임을 증명하고 있습니다.

치유를 경험한 대부분의 사람들은 "주님께서 나의 마음을 알고 계심이 큰 위로가 된다"고 고백합니다. "살아있는 나무, 그리고 죽은 가지들: 내적치유 이야기"가 많은 사람들에게 예수님의 치유를 체험하며 하나님의 사랑을 더 깊이 경험케 하는 통로가 됨을 확신하며 이 책을 추천합니다.

김삼인_H&IPM(치유와 중보기도사역원 원장)

"살아있는 나무 그리고 죽은 가지들" 이라는 책 타이틀이 흥미롭다. 왜 가지가 죽었지, 나무는 살았는데? 라는 질문을 하게 만든다. 그런데 저자는 이 답을 요한복음 15:1-2에서 찾는다. "내가 참 포도나무요 내 아버지는 그 농부라. 무릇 내게 있어 과실을 맺지 않는 가지는 아버지께서 이를 제해 버리시고 무릇 과실을 맺는 가지는 더 과실을 맺게 하려하여 이를 깨끗게 하시느니라" (KRV). 죽은 가지들이 다시 살아나는 길은 살아있는 나무에 붙어 있어 영양분을 공급 받는 것임을 말해 준다. 저자는 여러해 동안의 상담 경험을 통해 얼마나 많은 사람들이 문제 속에서 힘들게 살고 있는지를 잘 안다. 그래서 소망이 없는 죽은 가지 같은 삶들이 생명의 나무이신 예수에게 나오는 것이 유일한 생명의 길이라 말한다. 오직 그에게서만 문제를 해결받고 영혼이 새롭게 되며 소생함을 얻을 수 있기 때문이다. 그래서 이 책의 저자는 하나님의 말씀과 실제로 경험한 삶의 현장이라는 두 영역이 역동적으로 연결되어 내적치유에 대한 이해를 한껏 높여주고 있다. 이 책이 고통 속에서 살아가는 사람들, 이들에게 그리스도의 치유를 전하는 교회들, 그리고 내적치유 사역을 하는 분들에게 귀한 모델을 제시하고 동시에 귀한 격려가 되는 책이라 믿어 적극 추천하는 바이다.

마정자(Julie Ma)_오랄 로버츠 대학(OK, USA) 교수

제니 오 선교사의 내적치유 이야기를 담은 책 '살아 있는 나무 그리고 죽은 가지'가 카리스 아카데미 출판사를 통하여 출판됨을 기뻐하는 바이다. 오 선교사는 지난 30여년동안 내적치유사역에 종사해온 내적 치유사역의 전문가이다. 이 책은 내적치유가 무엇이며, 어떤 사람들에게 내적치유가 필요하며, 내적치유는 어떻게 이루어지는가에 관한 내용들을 성격적 관점, 신학적 관점, 심리학적 관점, 그리고 임상학적 관점으로 쓴 책이다.

저자는 본서에서 진정으로 거듭난 그리스도인이라면 말씀과 성령의 사역으로 변화를 경험하게 되지만 과거에 받은 상처, 그리고 현재 받고 있는 상처가 치유되지 않으면, 영적 성숙이 더디게 되고 성숙한 그리스도인이 되는데 있어서 큰 지장을 받게 되므로 내적치유를 받아 한다고 주장한다. 그리고 내적치유를 위한 구체적인 방법을 제시하여 준다. 내적치유의 실제 이야기들은 독자들로 하여금 내적치유의 중요성과 효과를 쉽게 이해하게 해준다.

타락으로 말미암아 사람들은 하나님과 영적으로 단절되었고, 자기 자신으로부터 심리적 단절이 이루어졌으며, 이어서 다른 사람들로부터 사회적 단절이 이루어졌다. 십자가에서 흘리신 그리스도의 보혈로 구속함을 받아 하나님과 교제를 회복하고, 자신과 화해를 이루고, 다른 사람들과 화해를 이루는 기반이 이루어졌지만, 이런 회복은 저절로 이루어지지 않는다. 말씀과

성령의 사역을 통하여 하나님께서 친히 회복사역을 하시지만 하나님께서는 이런 사역을 혼자 하시지 않고, 회복을 경험한 사람들과 함께, 그리고 그들을 통하여 일하신다.

이 책을 읽게 되면 내적치유에 관한 균형잡힌 견해를 갖게 될 것이며 내적치유의 실제를 이해하게 될 것이다. 어떤 사역에나 길잡이가 필요하다. 이 책을 읽고 치유를 받아 진정한 자유와 영적 성숙을 경험하고 하나님의 치유사역에 동참하여 종사하기를 원하는 분들에게 이 책은 좋은 길잡이가 될 것이다.

박기호_풀러 선교신학원 원로교수

제니 오 사모님이 하나님의 손에 붙잡혀 30년간 사역을 뒤돌아보며 쓴 책이 출간되었습니다. 저는 추천서 부탁을 받고 그 책을 단숨에 읽어 보았습니다. 아니나 다를까 그냥 이론만 담긴 책이 아니라 사역의 손때가 곳곳에 묻어있는 너무 값진 책이어서 마음으로 추천합니다. 오석환 목사님과 제니 사모님은 1.5세로 미국에서 공부했고 하나님께서 열어주시는 사역을 감당하다가 더 큰 무대로 캄보디아와 동남아, 아니 그보다 훨씬 큰 세계를 무대로 사역하게 하십니다. 그 과정에서 얼마나 많은 하나님의 역사의 손길에서 쓰임 받았는지 모릅니다. 제니 사모님의 책 "살아있는 나무, 죽은 가지들" 이 바로 그 걸음의 결정체라고 생각합니다. 내적 치유 사역 속에 삶에서 흔히 겪는 거절감, 혼란, 상처들은 계속 고통을 줍니다. 그러나 하나님께서 비추시는 빛이 우리의 존재 전체에 쏟아부어질때 치유가 되는 역사가 일어납니다. 제니 사모님은 지난 30년간 여러 나라 수백명을 이런 내적 치유로 원수의 손아귀에서 진리로 자유케 하신, 하나님의 능력을 책 속에 담고 있습니다. 아내 자랑은 바보라고 하는데 제 친구 밥 오 목사는 그런 자랑을 드러내 놓고 하는 자랑스런 친구입니다. 그리고 제니 사모님 또한, 남편의 사랑을 받은 것을 주님의 선물로서 자랑할 만한 분입니다. 저는 기쁨으로 이 책을 적극 추천합니다.

백운영_필라델피아 영생 장로교회 담임목사

나는 대표적인 복음주의 신학교였던 풀러신학교에서 목회학 석사학위를 받았다. 당시 풀러신학교는 선교 대학원을 중심으로 영적전쟁이라든가 내적치유라는 개념을 세계적으로 유행시키고 있었다. 나는 매우 보수적인 장로교 목사의 아들로 자란 탓에 소위 말하는 은사사역에 대한 거부감을 갖고 있었고, 애초에 내가 임상심리학을 공부하고 있었던 심리학 대학원과 신학대학원은 선교대학원의 그러한 풍조를 좀 얕보거나 선을 긋는 경향이 있었기에 더욱 거리를 두고 살았다. 실제로 3년 동안 풀러신학교에서 공부하는 동안 선교대학원에서 제공하는 수업은 단 한과목도 수강하지 않을 정도로 보수적(?)인 신학생이었다. 그러다가 어느 날 청소년 집회를 인도하던 중 강한 성령의 임재를 경험하며 내 교만이 무너져 버렸다. 그 후 계속 심리학을 공부하면서 깨닫게 된 것은 내가 거부감을 느꼈던 것은 내적치유자체가 아니라, 그것을 잘못 수행하고 있는 사람들에 대한 것이었다는 사실이다. 심리학에서 '테라피'라는 표현은 '통찰을 주다'는 의미를 갖고 있다. 관점이 바뀔 때 치유가 나타난다. 박사 과정중 심리학과 영성을 융합하는 공부를 하면서 진정한 내적 치유는 과거의 사건을 되돌리는 것이 아니라 복음의 능력으로 사건을 재해석하는 것이라는 나름의 결론을 얻게 되었다. 그런 면에서 제니 선교사님은 탁월한 내적치유 상담사이다. 치유하시는 그리스도의 능력의 통로로서 내담자 자신의 경험에 대한 해석이 바뀌도록 돕는 탁월한 영성을 갖춘 치유상담사다. 신학적, 성경적, 심리학적 기초를 무시한 내적치유는 자칫하면 모든 것을 영적인 것으로 몰아가는 무당이나 영매가 되기 쉽다. 하지만, 제니 선교사님은 탄탄한 성경신학적 기초와 상담심리학 기초를 갖춘데다 영적 민감성 또한 갖춘 최적의 내적치유상담가이다. 이 책의 특징은 이론 소개에 그치는 것이 아니라 수많은 실제 사례들을 소개한다는 것이다. 내적 치유에 대한 오해를 갖고 있는 사람들은 이 책을 통해 오해가 풀리고, 상처입은 사람들도 치유자이신 예수 그리스도의 치유의 능력을 경험하고 마음의 문을 열게 되는 좋은 마중물이 될 것이다.

비제이_전 아신대학교 교수

제니 오 목사님의 30년간의 사역이 이렇게 책으로 기록되어 수 많은 사람들에게 유익한 도움이 되는 것이 얼마나 감사한지 모른다. 제목부터 감동과 기대감으로 날러 붙잡았기 때문에 책 표지를 열고부터는 단숨에 읽기 시작했다. 금세 읽고 또 다시 정독했다. 그럴 수밖에 없었다. 하나라도 놓치고 싶지 않았기 때문이다.

40년간의 목회자로서 사역현장에서 한 영혼 한 영혼을 위해 사랑해야 할 때 무엇보다 필요한 내용이었다. 성도들의 삶을 섬기는 일에는 한계가 없다. 한 사람의 출생과 신앙 초기부터 주님의 동역자로 성장하는 데까지 직면하는 문제는, 외적인 것보다 치유되어야 할 내면의 문제가 더 본질적이다. 그 일에 나 자신이 얼마나 무력한가를 느낄 때 여러 가지 방법을 동원해 보지만, 결국 하나님의 능력만이 답인 것을 알아 엎드릴 때 만난 책이었다. 설교로는 도달이 안되는 깊은 내면 저변에 깔린 이유들. 많은 기도로 오랫동안 주님과 함께 하는 것만으로는 응답되지 않는 현실들.

치유에 대해서는 나 자신도 예외는 아니다. 살아 있으나 죽은 가지의 영향력으로 인해 은혜를 제한 받고, 성장과 성숙한 발전을 방해받는 데 고민하며 길을 찾아도 알기 어려운 부분이 많았다. 그래서 치유에 관한 많은 관심으로 책과 세미나와 다른 사역자들을 통해 부분적으로 도움을 받기도 했으나 이번에 정말 치유에 대한 내용을 많은 사례를 통해 나 자신이 그 자리에 있는 것처럼 느껴졌다.

사람이 태아로 있을 때부터 살아가는 내내 모든 상황들 속에서, 하나님의 터치를 통해 살아있는 가지로 변화되는 모습을 보게 된 사례들이, 강력한 신뢰와 함께 이 책을 읽는 사람들이라면 그 자리에 초대된 느낌이 올 것이다.

그러다 치유가 일어나는 것을 경험했다. 책을 읽으며 주님의 직접적인 터치와 같은 경험을 하게 된 것이다. 또 이 사역을 함께 할 수 있는 방법을 열어놓은 것이 얼마나 감사한지, 감동 받은 것에 대해서 인간의 언어로는 다 말할 수 없을 정도로 너무나 은혜로운 부분이다. 더불어 신학적 배경과 성경적 근거를 가지고 치유에 대한 분명한 내용을 담고 있기 때문에 안심하고 권할 수 있겠다. 이 책을 통해 누구에게든지 열어놓은 하나님의 '치유'라는 은혜의 자리로 갈 수 있다고 믿기에 강력히 추천하는 바이다.

염순옥_새롬교회 담임목사

"지난 10여년 간 한국교회 안에서는 기독교 상담과 내적치유에 대한 관심과 연구가 폭발적으로 증가했습니다. 하지만 홍수 때 마실 물이 없다고 한 것처럼, 성경적 기초와 신학적 토대, 그리고 현장 경험의 노하우가 조화를 이룬 건강한 내적치유의 지침을 찾기는 쉽지 않았습니다 그런데 이번에 제니 오 사모님이 내신 책이, 바로 그 세 가지 조화가 아주 절묘하게 어우러진 깊이 있는 양서라고 생각합니다. 헨리 나우웬이 말한 "상처입은 치유자"와 같은 제니 사모님은 자신의 아픈 경험을 솔직하게 공개하며, 국내 외 수많은 내적 치유 사역의 대가들의 연구와 수많은 임상경험을 바탕으로 우리의 상처를 치유하시는 예수님의 섭리를 쉽고 분명하게 알아갈 수 있도록 도와줍니다. 특히 사람들을 목양하는 사역자들은 반드시 깊이 음미하여 정독하기를 권합니다."

한홍_새로운교회 담임목사

Table of Contents

감사의 글

저의 멘토셨던 고 윤수인 목사님께 이 책을 바칩니다. 목사님은 제 삶에 매우 깊은 영향을 주신 분인데, 목사님을 통해 저도 내적 치유의 여정을 시작하게 되었습니다. 윤 목사님은 여러 면에서 선구자이셨는데, 내적 치유 사역에서도 혁신가였고, 이 사역에 꼭 필요하다고 믿는 것은 계속해서 추진하고 연구하셨습니다. 목사님은 책을 쓰고, 영어 자료를 한국어로 번역하고, 저를 비롯한 많은 사역자를 훈련하고, 제자들을 꾸준히 지도했습니다. 그러나 그분이 이루어 놓은 그 어떤 업적보다, 목사님의 온화한 성품과 영성을 향한 지혜로운 접근 방법, 그리고 그리스도를 위해 온전히 헌신했던 삶이 제게 가장 크게 영향을 주었습니다. 하나님과 함께하는 우리 인생길에, 삶의 방향을 깨닫게 해 줄 멘토가 필요하다는 것을 알게 해 준 분이었습니다. 여기에서 더 나아가, 그 멘토가 주님께서 우리에게

주신 기량을 훈련해 줄 수 있다면, 그것은 훨씬 더 좋은
만남입니다.

"철이 철을 날카롭게 하는 것 같이, 사람이 그의 친구의
얼굴을 빛나게 하느니라(잠언 27:17)" 말씀처럼, 진실하고
친밀한 관계는 서로에게 힘을 주고, 서로의 내면에 있는
것들을 드러나게 합니다. 당시는 1994년이었습니다. 저와
제 남편 오석환 목사는 당시 최초의 한인 교회 개척 사역자
중 한 팀이었고, 저 또한 목사의 아내로서 제 삶에 다가온 큰
변화 앞에서, 저의 정체성 문제에 대해 심각하게 고민하고
있던 시기였습니다. 우리보다 그 길을 먼저 가셨고, 우리가
가야 할 길에 대해 조언해 주실 만한 멘토도 아무도 없었을
때였습니다. 그때, 캐나다 토론토에서 축복 성회가 열렸을
때, 제가 참석하였습니다. 그런데, 그곳에서 제가 성령의
임재를 경험하고, 제 삶이 변화되었고, 하나님께서 제게
예비하신 능력과 계시를 받은 것은 전혀 놀랄 일이 아니었던
것입니다. 그곳에서 임파테이션 기도(사역자에게 성령 부음을

받는 기도)를 받고자 줄을 서서 기다리는 가운데 한 여자분이 제게 다가와 기도해 주었습니다. 그분이 저에게 "교회에 대한 염려를 내려놓으세요. 교회는 당신에게 속한 것이 아닙니다. 그리고 하나님께서 이미 당신에게 기도의 은사를 주셨습니다."라고 말씀해 주실 때, 저에게 성령이 강하게 임함을 느꼈고, 동시에 저는 바닥에 쓰러졌습니다. 내가 무엇 때문에 힘들어하고 있는지를 이분이 어떻게 알았지? 내가 사모인 건 또 어떻게 알았을까? 내가 연초부터 기도의 은사를 주십사, 주님께 계속 간구했던 것을 이 분이 어떻게 알았단 말인가? 저는 성령께서 제 영혼에 대고 직접 말하고 있음을 느꼈습니다. 바닥에 누운 채로 저는 저 자신이 성령의 능력으로 완전히 새로워지고 있음을 깨달았습니다. 그날 저녁 식당에서 저녁을 먹는 동안, 저는 지금까지와는 전혀 다른 새로운 권세와 능력을 받아, 옆자리의 사람들에게 전도하고 있는 저 자신을 발견했습니다. 집에 돌아온 후 중보 기도 시간에는 제가 기도하는 부분에 대한 환상을 보았습니다. 그리고 제가 사람들에게 안수하며 기도하자 그들 또한 성령의 임재를 경험했습니다.

비단 저뿐만 아니라 제가 아는 많은 사람에게 참으로 놀라운 시간이었습니다. 성령께서 각 사람에게 놀라운 은사를 주셨고 변화시키셨습니다. 그러나 그 시간은 또한 영적인 세계에 노출되는 경험을 하며 때로는 혼란스럽고 취약해지는 시기이기도 했습니다. 바로 그러한 때에 주님께서 윤 목사님을 보내 주셨습니다. 당시 캐나다에 살고 있었던 제 친구의 어머니가 일주일간 저의 집에 머물면서, 윤 목사님께 내적 치유 사역을 받으셨는데, 그 일을 계기로 저도 목사님을 알게 된 것입니다. 친구의 어머니가 내적 치유를 받으며 하루하루 얼굴빛이 변화하는 것을 보면서 저도 윤 목사님께 내적 치유를 직접 받고 싶은 마음이 들었습니다. 윤 목사님께 부탁을 드리고, 이후 따로 시간을 내어 만나긴 했으나, 그때는 제가 이 낯선 사역에 대해 심한 편견을 가지고 있었던 터였기에, 당시에는 좋은 영향을 받지 못했습니다.

　이후에 윤 목사님의 세미나에 정식으로 참석해 성경이 입증하는 내적 치유의 사례를 듣고는, 그제야 제 마음이 열리기 시작했습니다. 세미나 시간 중에도, 제가 늘 내면에 갖고 있었고, 주기적으로 반복되는 고통스러운 기억이 또다시 떠올랐지만, 그 기억이 제게 미친 큰 영향력은 이해하지 못했습니다. 제가 아주 어렸을 때, 아직 한국에 살고 있던 때의 기억인데, 사람들이 붐비는 장소에서 내 손을 놓아 버리던 아버지에 대한 기억이, 그 이후에도 계속 저의 뇌리에서 떠나지 않고 있었던 것입니다. 상황을 설명하자면, 제 아버지는 혼자서 먼저 미국으로 떠나 5년 동안 미국에서 지내다가 영주권을 받은 후에 어머니와 제 형제들을 만나기 위해 돌아오셨습니다. 그때 오셨을 때도, 어머니와 막내 남동생만 먼저 데려가고, 저와 여동생만 여전히 할머니 댁에 남겨 둔 채 떠났습니다. 2년 뒤, 제가 9살이 됐을 때, 할머니와 여동생, 그리고 저도 미국으로 건너가, 그때부터 비로소 가족이 함께 살기 시작한 것입니다.

아버지가 제 손을 놓았던 기억이 제가 가진 거절감과 연결되어 있다는 것을 그때까지는 깨닫지 못했는데, 윤 목사님 세미나에 참석한 이후부터 그 사실을 이해하게 되자, 제 삶 가운데 제게 크게 영향을 미쳤던 상처의 묶임이 비로소 풀리기 시작했습니다. 그 거절감은 심지어 더 먼 과거와도 연결되어 있었습니다. 어머니가 결혼을 앞둔 당시 저는 이미 어머니 속에 잉태되어 있었고, 저는 부모들에게 계획되지도, '원하지도' 않는 존재였다는 것, 그리고 9살에 미국으로 이민 갔을 때, 같은 반 친구들과 농구나 발야구 등 운동 경기를 하면, 팀 리더들이 항상 저를 순서의 마지막이 되어서야 뽑아갔던 기억들이, 제 안에 트라우마로 남아 있었던 것입니다. 중학생 때는 제게 점심을 함께 먹을 친구가 없어서 내내 마음이 아팠던 기억도 떠올랐습니다. 중학교 시절 내내 그런 거절감과 혼란에 대해 저 자신이 어떻게 대처해야 하는지 알 수 없었기에,

저는 계속 우울했고 이것을 잊고 싶어서 잠을 무척 많이 잤습니다. 내적 치유를 받는 동안, 성령님께서 제게 이 기억을 드러내고자 하시는 것을 허락함으로써, 저는 비로소 그 연결점들을 이해하기 시작했고, 이 고통스러운 기억들과 거절감, 상처, 자기 가치에 대한 갈등들이 어디서부터 시작되었는지를 이해하게 되었습니다.

내적 치유란, 하나님께서 당신의 빛을 우리 존재 전체에 쏟아부으시는 것이라고 저는 생각합니다. 우리가 미처 인지하지 못했던 과거의 상처를 청산해 현재의 상처와 연결하고, 우리의 치유된 현재를 통해, 주님께서 예비하신 더 밝은 미래로 힘차게 나아가도록 우리를 돕는 것이, 바로 내적 치유이기 때문입니다. 하나님께서는 한 개인을 치유하시듯, 더 나아가 가정과 교회, 국가를 위해서도 내적 치유를 하신다고 생각합니다. 한 개인이 일어나 그리스도의 빛을 발하며 온전히 그리스도께만 헌신하는 빛과 소금 된 삶을 살기 위해서는, 각 개인이 속한 가정과 공동체와 그

나라도 치유되어야 하기 때문입니다. 저는 이러한 접근 방식으로 캄보디아에서 선교하고 있습니다. 저는 주님께서 예비해 주신 방법을 통해, 저 자신이 놀랍게 치유 받았을 뿐 아니라, 제가 내적 치유를 받는 과정 가운데 다른 사람들의 삶에도 치유를 전할 힘을 받았습니다. 주님께서 공급해 주신 능력과 권세로, 우리의 삶을 그리스도께 더 가까이 이끄는 이러한 내적 치유 사역을 지난 25년간 해 온 지금, 저는 이 책을 쓰면서, 주님께서 이 귀한 사역의 현장에 저를 불러 주신 것에 대해서 우리 존귀하신 예수 그리스도께 너무나 깊이 감사를 드립니다. 또한 고통과 슬픔이 없고 영원한 기쁨이 있는 곳에서 저를 내려다보시며 주님과 함께 환히 웃고 계실 저의 영원한 멘토 윤수인 목사님으로 인해, 우리의 살아계시고 신실하신, 존귀하신 예수 그리스도께 모든 감사와 영광을 올려드립니다!

I. 서론

왜 우리에게 내적 치유가 필요할까요?

사실 우리는 모두 내적 치유를 받을 필요가 있습니다. 왜냐하면 우리는 모두 우리가 스스로 인지하지 못하는 가운데, 어릴 때, 심지어는 태중에서부터의 상처를 가지고 있으며, 그중 일부는 이보다 더한 충격적인 경험을 실제로 겪었기 때문입니다. 그것은 우리가 현재 겪고 있는 사건일 수도 있고, 과거에 겪었기 때문에 이미 잊어버린 일이라고 생각할 수 있지만, 이후로도 종종 다시 생각나는 경험일 수 있습니다. 우리는 각자가 가진 그런 경험들 때문에 그 고통에서 벗어나고자, 우리 주위에서 상담사, 목사, 혹은 친구들을 찾고 또 그들의 도움을 구합니다.

혹은 저의 경우처럼, 인생 가운데 새로이 맞은 어떤 경험으로 인해, 그동안 저 자신조차도 모르고 있었던 저의 문제가 수면 위로 드러나게 되는 커다란 계기로 작용할 수도 있습니다. 갑자기 제 앞을 크게 가로막은 이 문제들 때문에, 저는 바쁘게 가던 길을 멈추고 잠시 멈춰 선 상태로, 제 내면을 다시금 들여다볼 수 있는 통찰력을 주님께서 공급해 주시기를 간구했고, 성령께서 제 내면의 깊은 상처들과 관련된 아픈 기억을 드러내시도록 허락하며, 저 자신을 성령님께 온전히 내어드리는 시간을 충분히 가져야 했습니다.

저는 신혼 때에 제게 '거절감의 문제'가 있다는 것을 처음으로 깨닫게 됐습니다. 자녀들을 양육하는 동안에는 제 안에 해결되지 않은 '분노의 문제'가 있다는 것을 알게 되었습니다. 또한 교회 사역을 시작했을 때는 '나는 부족하다'고 느끼는 '정체성의 문제'가 있다는 것을 깨닫게 되었습니다. 이런 문제들은 제 안에서 항상 있어왔던 문제들이었음에도 불구하고 어떤 특정한 사건들과 시간들이 특별한 계기로 작용하면, 그것들이 제 안에서 서로 부딪쳐 왔기 때문에, 제가 비록 겉으로는 '살아있는 나무' 같은 풍성한 삶을 누리는 듯했지만, 시시때때로 특별한 사건들이 계기가 되면 수면 위로 떠올라, '죽은 나뭇가지들' 처럼 다시금 저의 주목을 끌곤 했습니다.

죽은 나뭇가지 이야기

우리 각자가 진정으로 하나님을 만났고 그리스도와의 관계가 진실되다면, 하나님은 우리 삶의 모든 면에 개입하십니다. 그때, 우리가 의지적으로 주님께 순종하며 기꺼이 훈련을 받는다면, 하나님과 인격적이고 친밀한 관계를 가진 후에는 더욱 변화되고 성숙해진 우리 자신을 발견하게 될 것입니다.

하지만 우리 삶에는 기독교인이 된 후에도 여전히

감내하기 힘든 영역이 남아 있습니다. 이러한 문제들은 우리가 하나님과 가까워지는 것을 막습니다. 원수는 우리를 속박하고, 이러한 약한 면을 통해 우리로 하여금 다시 죄를 짓도록 합니다. 이것을 우리는 '견고한 진'이라고 부릅니다.

어느 날, 저는 집 근처 공원을 걷다가 한 나무를 발견했습니다. 아주 크고 또한 잎이 무성한 나무였습니다. 저는 나무를 응시하고 서 있는 동안, 죽은 나뭇가지 하나가 다른 건강한 나뭇가지들 사이에 숨겨져 있는 것을 보았습니다. 처음에는 그것이 죽은 가지라는 것을 미처 알아차리지 못했지만, 자세히 살펴보는 동안, 그것은 잎이 없고 다른 어떤 가지와도 붙어 있지 않다는 것을 발견하게 되었습니다. 살아있는 나무의 건강한 여러 나뭇가지와 한데 얽혀 있었지만, 그 나뭇가지 자체에는 생명이 없었습니다.

살아있는 나무에 얽혀 있는 죽은 나뭇가지. 나무의 일부로 붙어 있지만, 그것은 이미 죽었고 잎이 돋지도, 꽃이 피지도 못하기에, 열매 또한 당연히 맺을 수 없습니다.

우리가 원수에게 사로잡힌 영역도 마치 이와 같습니다. 그것들은 우리 안에 여전히 남아 있지만 하나님께 속한 것은 아니며, 어떤 좋은 것이나 결실을 가져오지 못하는, 우리 삶에 찍힌 원수의 낙인 같은 것이라고 말할 수 있습니다. 그러한 영역들은, 무엇보다 우리가 그리스도 안에서 더 이상 성장하는 것을 막는데, 우리가 하나님께 초점을 맞추기보다, 그것들에 맞추도록 유도하기 때문입니다.

요한복음 15:1-2을 통해 예수님께서 말씀하십니다. "나는 참포도나무요, 내 아버지는 농부라. 무릇 내게 붙어 있어 열매를 맺지 아니하는 가지는, 아버지께서 그것을 제거해 버리시고, 무릇 열매를 맺는 가지는 더 열매를 맺게 하려 하여 그것을 깨끗하게 하시느니라."

이렇게 예수 그리스도께 붙어 있지 않은 가지들, 열매를 맺지 아니하는 가지들은, 말하자면, 우리의 분노, 우울증, 상처, 부적절한 두려움, 수치심, 실패에 대한 두려움, 슬픔, 끊임없는 걱정, 중독, 폭력, 마귀에 의한 억압과 정신 질환

등일 수 있습니다.

II. 구체적인 사례들

내적 치유는 누구에게 필요한가?

1995년부터 지금까지, 제게 여러 나라에서 수백 명의 사람들에게 내적 치유 사역을 할 기회가 주어졌습니다. 다음의 제가 보여드리는 사례들은 사람들이 내적 치유 상담을 받게 되는 보편적인 이유 중 일부입니다. 여기 사용된 모든 이름은 가명이며(그들의 본명이 아닙니다.), 대부분의 내담자가 일주일에 한 번씩, 총 3~6차례 상담 시간을 가졌으나, 어떤 상담의 경우에는 내담자와 제가 단 한 번만 만날 기회가 있었고, 오히려 심각한 사례의 경우에는 상담을 마치기까지 몇 달이나 걸리기도 했습니다.

내적 치유의 방법으로 여러 가지가 있지만, 일반적으로는 우리가 하나님께 귀를 기울일 때, 비전이나 생각 혹은 이미지를 통해 우리의 상황에 대해 주님께서 주시는 진리나 계시를 깨닫게 하십니다. 이렇게 주님께 귀를 온전히 기울이는 것과 하나님께서 우리에게 말씀해 주시기를 기대하는 마음이 주님의 선하심을 끌어당기고, 바로 이때 주님께서는 그분의 빛을 우리 상황 속에 부어 주십니다. 이에 대해서는, 내적 치유의 실제를 다룬 다음 장에서 더 자세히 설명해 드리겠습니다.

대부분의 경우에는, 하나님께서 제게 비전을 주시고, 그에 대한 설명도 함께 주시지만, 때로는 주님께 어떤 이미지를 받았음에도 불구하고, 그것이 정작 무엇을 의미하는지는 제 스스로도 깨닫지 못할 때가 있습니다. 그러나 제가 미처 깨닫지 못하는 가운데서도 내담자에게 그 비전이나 이미지에 대해 이야기하면, 내적 치유를 받는 내담자 당사자가 그것이 무엇인지 알아차립니다. 어떤 경우에는, 하나님께서 내담자를 위한 시를 제게 주신 적이 있는데, 그 사람이 다른 무엇보다도 특별히 시에 의해 감동을 받는다는 것을 나중에 알게 된 적도 있었습니다. 저는 내적 치유가 우리 마음을 향해 다가오시는 하나님의 마음이라고 이해합니다. 마귀는 우리를 수치스럽게 만들기 위해 우리의 내면을 드러내지만, 성령께서는 진실로 우리를 사랑하시기에, 우리의 내면을 치유하시고자, 상처를 드러내십니다. 제가 믿는 내적치유의 본질이란, 주님께서 우리에게 말씀하시는 방식이 아니라, 우리가 허용하는 어떠한 방식을 통해서든 주님께서는 우리에게 말씀하고 싶어하시고, 우리가 온전히 집중하여 "들을" 때 주님께서 우리에게 말씀해 주신다는 것입니다. 또한, 이러한 "들음"을 위해서는 우리가 연습을 해야 하고, 기술을 연마해야 한다는 것입니다. 우리가 주님의 음성을 더 잘 듣기 위해 연습할수록, 주님께서 우리에게 주신 비전을 더 잘 보게 되고, 우리의 모든 감각을 동원해 주님의 음성을 더 잘 듣게 됩니다.

- 소말리 이야기: 어린 시절에 받았던 상처와 거절감이,
  분노와 용서치 않는 마음으로 변한 경우

소말리는 최근 결혼한 아름다운 여인입니다. 소말리는 시어머니를 향한 극심한 반감을 토로하며 제게 상담을 의뢰했는데, 소말리가 신실한 그리스도인이었기에 그러한 감정이 그녀를 정말로 괴롭히고 있었습니다. 우리는 소말리의 시어머니에 대한 이 반감의 원인이 무엇인지를, 주님께서 알려 주시기를 원하며 함께 기도하기 시작했는데, 그러자마자 소말리는 갑자기 태아의 자세를 취하며 태도가 바뀌고, 울며 아이같은 소리를 내었습니다. 그 순간 저는 상처 입고 매우 화가 난, 미숙한 어린 소말리의 인격을 제가 상대하고 있음을 깨달았습니다. 소말리는 자신의 엄마가 밉다고 말했습니다. 저는 이 말을 듣고 무척 놀랐고, 소말리에게 다시 성인으로 돌아올 것을 요청하고, 어린

소말리에게 그 이유를 물어 보라고 말했습니다. 어린 소말리는 당시에 다섯 살이었으며, 부모님이 싸우더니 소말리와 어린 여동생 둘만 남겨둔 채로 두 분 모두 집을 나가버렸다고 말했습니다. 나중에 이웃이 와서 그들을 돌봐 주었지만, 이 사건은 소말리에게 큰 트라우마로 남았던 것입니다. 결국 소말리의 부모님은 이혼했고, 소말리는 어머니와 더 친밀했기 때문에 그녀가 부모님에게 느꼈던 모든 원망과 분노가 어머니 한 분에게 향했던 것입니다. 이와 더불어, 모든 어머니 같은 위치의 사람들을 향한 "판단의 쓴 뿌리" 문제도 갖게 되었습니다. 소말리는 어머니를 그리워하면서도 동시에 어머니를 미워했습니다. 우리는 예수님을 이런 상황 가운데 초대했고, 소말리는 다시 어린아이처럼 울며 어린 시절의 상처받은 모습을 가감 없이 드러냈습니다. 저는 소말리에게 과거 그녀의 아픈 기억 가운데 예수님이 보이는지 물었고, 예수님께서 소말리에게 무슨 말씀을 하시는지 들어보라고 했습니다. 성인 소말리라면 그 기억 속으로 기쁘게 예수님을 초대했겠지만, 어린 소말리는 "싫어" 하면서 예수님을 거부했습니다. 그때 성령께서 제게 한 가지 아이디어를 주시더니, 성인 소말리가 어린 소말리에게 말을 걸어 보라고 하셨습니다. 소말리는 상처입은 어린 소말리를 향해 다정하게 말했습니다. "괜찮아, 소말리. 너는 안전해. 예수님께서 거기 너와 함께 계셔. 너는 결코 혼자가 아니었어. 예수님이 네 손을 잡아도 될까?" 놀랍게도 어린 소말리는 좋다고 했고, 마침내 소말리는 어린 자아가 자신의 어머니를 용서하도록 이끌었고 자신도 시어머니를 용서한다고 기도할 수 있었습니다. 와! 제게는 엄청난 경험이었습니다. 하지만 은사를 받았으며 성숙한 기독교인으로 살고 있는 사람이 어린 시절의 트라우마로 인해 자아의 일부가 분열되고 스트레스 상황이나 힘겨운 상황 속에서 자극을 받으면 그것이 발현되어 미숙하고 고집 센 아이로 나타나는 사례들을, 저는 그 상담 이후로도 여러 사례들을 접하게 되었습니다. 이러한 내담자를 다루는 것은 특히 어렵습니다. 왜냐하면 이미 성인이 된 내담자는 대개 자신 안에 미성숙한 자아가 있다는 것을 인식하지 못하기 때문입니다. 그래서 그것은 종종 가까운 사람들을 어리둥절하게 만들고, 화를 내는 고집 센 내면의 아이가 때때로 표출되는 경우에, 주변 사람들은 갑자기 살얼음을 걷는 상황을 맞닥뜨리게 되는 것입니다.

- 에이프릴 이야기: 성적 학대를 받은 경험 이후로, 남성을 향한 내적 맹세를 하는 경우

제가 어느 날, 내적 치유 세미나를 마친 후에 에이프릴이 저를 찾아왔습니다. 그녀는 예수님과 친밀해질 수 없어서 어려움을 겪고 있다고 말했습니다. 그때는 따로 시간을 내서 상담할 수 있는 상황이 아니었기에 성전에서 기도했습니다. 기도하는 가운데, 주님께서 비전을 보여 주셨는데, 에이프릴은 미끄럼틀 위에 있었고

예수님께서는 에이프릴에게 내려오라고 하시는 놀이터의 한 장면이었습니다. 그러나 에이프릴은 심하게 머뭇거리며 내려오려 하지 않았습니다. 내가 이 비전을 에이프릴에 말하자, 그녀는 나를 성전 한쪽 구석으로 데려가 이야기를 시작했습니다. 에이프릴이 어릴 때 같은 아파트 단지에 살던 이웃이, 그녀가 10대가 될 때까지 성추행했다고 말했습니다. 그녀는 열쇠 아동, 즉 맞벌이 부부의 아이였습니다. 부모가 일을 마치고 집에 올 때까지 방과 후에 줄곧 혼자 있어야 했다는 뜻입니다. 에이프릴은 예수님이 하나님이라는 것을 알면서도 예수님을 남성으로 보았기 때문에, 남자에게서 학대받을 수 있다는 두려움으로 인해, 예수님께 친밀하게 다가갈 수 없었던 것을 비로소 깨달았습니다.

저는 에이프릴에게, 예수님을 초대해서 예수님이 진정 어떤 분인지 직접 알려 주시도록 부탁해도 괜찮겠냐고 물었고, 에이프릴은 기도했고, 주님께서 에이프릴에게 비전을 보여 주셨습니다. 그것은 다음과 같은 깨달음이었습니다. 비전 속에서 예수님은 에이프릴 아파트를 진공청소기로 청소하고 계셨습니다. 그 모습을 본 그녀는 예수님이 자기 편이라고 느꼈습니다. 남자들을 향한 에이프릴의 수치심과 증오의 근원이었던 그녀 삶의 더러운 부분을, 그녀가 스스로 깨끗하게 청소하는 것을 예수님께서는 돕고 싶어 하신다는 것을, 그녀가 결국 깨닫게 되었습니다. 에이프릴이 남자들에게 사로잡혔던 이러한 감정적인 속박에서 해방되는 것이 무엇보다 중요하다고 저는 느꼈습니다. 왜냐하면 에이프릴은 당시 20대 중반이었기에, 결국에는 남성과 교제하고 싶어하고 결국은 결혼하고 싶은 마음이 들 것이 확실했기 때문입니다. 때때로 피해자가 자유로워지는 것이 어려울 수 있습니다. 피해자는 자신이 당한 일이 스스로의 잘못으로 인한 일이 아니라고 느끼기 때문에, 가해자가 먼저 하나님께 회개하고 피해자에게 용서를 구하기 전에는 치유될 수 없다고 생각합니다. 하지만 안타깝게도,

대부분의 경우에 가해자들이 피해자가 기대하는 대로 행동하지 않습니다. 예수님께서도 우리에게 죄지은 사람들을 용서해 주라고 하셨지, 그들과 반드시 화해하라고 명령하시지는 않았습니다. 우리 중 누군가는 분명히 어떤 피해를 보고 있으며, 또한 가해자를 용서하기 어려운 이 시대에, 예수님께서 직접 그 가해자들을 다루시도록 제쳐두고, 오직 예수님에 대한 각자의 반응에 집중하라고, 내적 치유 사역자의 입장에 있는 저 또한, 그렇게 말해 줄 수밖에 없습니다. 에이프릴은 제 조언에 따르기로 했고, 자신에게 죄를 지은 남자에 대한 증오, 또 자기혐오와 거부, 그리고 일반 남자들에 대해 갖고 있던 그녀의 감정을 회개했습니다. 이 과정은, 그녀가 이러한 지저분하고 혼란스러운 감정으로부터 자유로워지는 데 꼭 필요했습니다. 또한 에이프릴은, 남자를 절대 믿지 않을 것이라면서 스스로 내적인 맹세를 함으로써, 결과적으로는 그녀 스스로 감정적인 속박의 희생양이 되도록 만들어

왔습니다. 그러나 마침내 예수 그리스도 이름으로 선포했고 자유로워졌습니다. 상담하고 나서 몇 년 후, 저는 에이프릴이 결혼해서 첫 아이를 임신했다는 소식을 듣게 되었습니다. 그 멋진 소식을 듣고 주님께 모든 영광을 올려 드리게 되었습니다.

- 로리 이야기: 애도와 상실

로리는 항상 슬펐습니다. 또한 주위 사람들에게 쉽게 상처받고 감정이 불쾌해졌으며, 결과적으로 자주 분을 내게 되었습니다. 로리는 밤에 잠을 못 자는 일이 반복되자, 기도를 받는 것이 필요하다고 생각해서 저를 찾아왔습니다. 우리가 함께 기도할 때, 주님께서 저에게 로리가 상복을 입고 있는 비전을 보여 주셨습니다. 제가 이 비전이 그녀에게 어떤 의미가 있는지 질문했습니다. 로리는 즉시 이 문제에 대해 알아차렸습니다. 로리는, 여러 해 전에 세상을 떠난 아버지를 여전히 애도하고 있었습니다. 제대로 작별 인사도 하지 못한 채 아버지를 떠나 보냈다고 생각하던 로리는, 지난 세월 내내 계속 아버지의 죽음을 붙잡고 슬퍼하고 있었습니다. 우리는 예수님께 다시 기도를 드렸고, 주님께서 로리에게 이제는 아버지에게 작별 인사를 하고 그 상복을 벗어야 한다고 말씀하셨습니다. 이번에는 로리가 예수님을 초대해 자신이 이 일을 할 수 있도록 도와 달라고 기도했고, 기도하면서 아버지의 죽음에 대한 슬픔을 놓을 수 없다고 고백했습니다. 그러나 로리는 기도하는 가운데, 예수님께서 아주 반짝이는 하얀 새 옷을 자신에게 주시는 비전을 본 후에야, 비로소 애도의 상복을 벗고 그 새 옷을 입을 수 있었습니다. 로리는 이제는 정말로 아버지를 보내 드리며, 자신의 의지적인 말로 아버지께 작별 인사를 해야 한다는 것을 알고 있었습니다. 그녀는 애도의 감정에서 벗어날 수 있다는 것을 깨달았고, 마음속 깊은 곳에서 해방된 느낌이 들게 되었습니다. 그 후에 로리는 자신이 어머니와 하나님께 분노의 감정을 품었던 것과, 아버지의 죽음으로 인해 겪게 된 삶의 모든 변화에 대해서도 다루는 시간을 가졌습니다. 이 문제들을 해결하기 위해 여러 번 상담하는 것이 필요했기 때문에 꽤 오랜 시간이 소요되었지만, 자신의 오랜 애도가 불필요하고 과도한 감정 소모를 불러왔고, 그것 때문에 자신이 쉽게 상처받고 화가 났다는 것을 결국 로리 스스로 깨달을 수 있었습니다. 몇 번에 걸친 상담을 마친 후 로리의 불면증은 자연스럽게 해결되었고, 아버지의 죽음 이후 항상 그녀와 함께했던 슬픔에서 비로소 놓여난 로리는, 결국 주님 안에서 자유로워졌습니다.

• 테리 이야기: 가계적인 죄악

테리는 충실하고 성숙한 기독교인이며, 사랑 많은 남편이자 훌륭한 아버지였습니다. 하지만 테리가 사업을 시작하면서 그의 마음을 줄곧 괴롭게 했던 한 가지 생각이 있었는데, 그것은 바로, 그의 집안 남자들이 대대로 사업과 일의 영역에서는 결코 성공한 적이 없었다는 사실이었습니다. 테리는 항상 돈으로 인해 어려움을 겪었습니다. 이것이 늘 테리를 괴롭혔고, 비록 테리가 사업을 주님께 바쳤음에도 불구하고, 아버지와 할아버지처럼 자신도 역시 사업에 실패할지도 모른다는 두려움을 갖고 있었습니다. 주님께서 주시는 통찰력이 필요한 한 상태에서 테리는 저를 찾아왔습니다. 우리는 함께 주님께 기도 드렸고—이것은 좀 보편적이지 않은 케이스임에도 불구하고—저는 테리 아버지 쪽으로 가계적인 문제가 있다는 것을 감지했습니다. 기도 중에 주님께서 저에게 한국의 시골 풍경을 보여 주셨습니다. 테리는 한국에 있는 땅 소유권 문제로 친척들 사이에 많은 시기와 질투 및 다툼이 있었고, 여전히 해결되지 않은 채 남아있다고 설명했습니다. 테리의 아버지 또한 신실한 기독교인이었지만, 이 문제에 관해서는 견고한 진이 있었습니다. 테리는 이 문제에 대해 어떻게 기도해야 하는지 주님께 물었고, 주님께서는, 테리가 느헤미야처럼 조상들의 죄악을 위해 기도하며 그들의 죄를 대신 회개해야 함을 깨닫게 해 주셨습니다. 이런 불화가 다시는 반복되지 않고 깨어지도록 기도하게 하셨습니다. 주님을 향한 테리의 충성 덕분에, 주님께서 테리 가문에 존재하는 견고한 진의 패턴을 깨시기 위해 테리에게 이것을 알려 주셨다고 저는 믿습니다. 주님께서는 테리의 사업을 매우 번창하도록 도와주셨고, 테리는 여전히 주님의 충성된 종으로, 자기 자신과 재산을 주님께 드리고 있습니다.

- 케이 이야기: 트라우마와 두려움, 공포증

케이는 지긋한 나이의 여성으로, 끊임없는 두려움 속에 살고 있습니다. 밤에 혼자 있는 것에 대한 두려움, 비행기를 타는 것에 대한 두려움, 고속도로를 달리는 것에 대한 두려움, 집에서 너무 멀리 떨어진 장소를 여행하는 것에 대한 두려움, 그리고 이외에도 많은 두려움 들을 수시로 느꼈습니다. 이러한 두려움들을 제외한다면 케이는 평범한 삶을 영위할 수 있었지만, 그녀는 이 모든 두려움과 걱정으로 인해 주님께서 주신 참 자유를 경험할 수 없었습니다. 케이는 이러한 불안을 극복하고자 저를 찾아왔고, 두려움의 근원이 무엇인지 주님께서 알게 해 주시도록 우리가 함께 기도했을 때, 케이는 주님께서 주신 비전을 통해 이 근원을 깨닫게 되었습니다. 케이가 십대였을 때 태국의 한 시골 지역에 살았는데, 한 남자가 케이 방 창문을 넘어 집 안으로 들어오려 했고, 케이는 이 사건으로 인해 정신적으로 크게 충격을 받았던 일을 떠올리게 되었습니다. 또 케이가 젊은 주부였을 때, 남편이 일로 인해 집을 꽤 오랫동안 비운 사이, 어느 밤에 강도가 들었고, 이후로 오랫동안 케이는 두려움과 불안에 시달려야 했습니다. 설상가상으로 남편이 최근 세상을 떠난 시각이 해 질 무렵이었기 때문에, 케이가 그동안 갖고 있던 모든 공포증이 한꺼번에 몰려들어 그녀를 심히 괴롭히게 된 계기가 되고 만 것입니다. 케이는 특별히 밤에 혼자 있지 못했기 때문에 자녀들이 엄마 곁을 밤새 지켜야 했고, 자녀들 중 누군가는 항상 엄마를 위해 집에 함께 있어 주어야 했습니다. 케이는 이미 나이가 많았기 때문에, 그녀가 달라질 수 있으며 두려움 속에서 계속 살 필요가 없다는 것을 케이에게 인식시키는 것이, 제게 정말 어려웠습니다. 케이는 이미, 자기라는 사람은 죽을 때까지 이렇게 살 수밖에 없다고 굳게 믿고 있었기 때문에, 더욱더 그녀는 변할 수 없는 상황이었습니다. 하지만 우리가 주님께 기도하자 주님께서는, 케이가 겪었던 과거의 트라우마가 그녀의 현재 상태와 어떻게 연관되어 있는지에 대해 계시를 주셨습니다. 이후에도 케이는 가끔은 두려움에 빠져 들 때가 있긴 했지만, 내적 치유 기도 후에 케이는 훨씬 더 자유로워졌고, 비행과 여행에 대한 공포증으로부터 벗어나, 다른 도시에 사는 자녀들을 방문할 수 있는 용기를 낼 수 있게 되었고, 점차 주님께서 주시는 더 큰 자유를 향해 나아갈 수 있게 되었습니다.

- 엘리야 이야기: 거절에 대한 두려움과 성공에 대한 두려움

엘리야는 목사로 오랫동안 목회를 해 왔습니다. 겉으로 보기에 엘리야는 거의 모든 일에 자신감이 넘치고 아주 성공적인 목회를 하고 있는 것처럼 보였지만, 사실은 거절당하는 것에 대해 두려움을 느꼈고, 놀랍게도 성공에 대한 두려움도 갖고 있었습니다. 자신조차도 이유를 알지 못했지만, 엘리야는 어떤 과업이 성공을 눈앞에 두고 있는 상황이나 혹은, 자신이 인정받거나 더 높은 지위로 갈 수 있는 기회가 오면 오히려 그것을 피하고 싶은 마음이 들고, 때로는 심지어 그 상황을 망쳐버리고 싶은 감정을 느낀다고 했습니다. 내적 치유를 시작하기 전까지는 엘리야 스스로도 자신의 문제를 깨닫지 못했고, 깨달은 후에는 이 문제의 근원을 알고 싶어 했습니다. 우리는 주님께서 응답

주시도록 함께 기도했고, 엘리야는 기도 중에 주님께서 주신 비전을 보았는데, 금나무가 있는 작은 산 위에 자신이 서 있는 장면이었습니다. 엘리야는 이 비전을 통해, 자신은 더 높은 산으로 올라가기보다는 차라리 작은 산의 왕이 되고 싶어 한다는 것을 깨닫게 되었으며, 이것은 두려움 때문이라는 것을 알았습니다. 또한, 이러한 두려움의 반복이 자기 아버지에게서도 보인다는 것을 알게 되었습니다. 이전에도 막연히 감지하고는 있었지만, 현재의 상황과 분명하게 연결하지는 못한 채, 해결되지 않으면서 반복되는 어려움으로 자신을 힘들게 했던 어떤 것이, 다름 아닌 가계적인 죄악이었다는 것을 깨닫는 계기가 되었습니다. 내적 치유가 끝나고 막연했던 두려움의 근원을 알게 된 이후, 엘리야는 자신의 삶을 지배했던 이러한 반복적인 두려움을 깨기 위해, 더 많은 좋은 변화를 향해 주님과 동행하며 앞으로 나아갔습니다.

- 팀 이야기: 판단과 두려움

팀의 부모는 팀이 아주 어렸을 때 이혼했고, 두 분 각자 재혼했습니다. 팀은 자신이 원했던 결과가 아니었음에도, 양쪽 가족의 역동을 모두 자신이 다루어야 했고, 이것이 그를 혼란스럽게 만들었습니다. 팀의 아버지는 기독교인이었지만, 어머니는 기독교를 믿지 않았습니다. 그럼에도 불구하고, 팀은 오히려 아버지와 함께한 세월 가운데 힘든 시간을 보냈습니다. 팀의 아버지는 새로운 결혼과 가정에도 적응하지 못하고 계속해서 힘든 시간을 보내는 중이었습니다. 팀은 이십 대 초반에 그리스도를 영접하면서 아버지를 용서했고, 자신과 아버지와의 관계가 좋다는 생각도 했습니다. 하지만, 팀은 언젠가부터, 아버지가 자신에게 가까이 오려 할 때마다 여전히 짜증이 나고 아버지에 대해 스스로 방어적인 태도를 취하고 있음을 깨달았습니다. 팀은 아버지를 이미 용서했는데도 자신에게 왜 이런 마음이 드는지, 근원을 알고 싶어 했습니다. 우리가 함께 기도할 때, 주님께서 팀에게 아버지에 대한 '판단'이 여전히 남아 있음을 알게 해 주셨고, 팀이 결혼하고 싶어 하는 여자 친구와의 진지한 관계에서, 아버지에 대한 부정적인 판단이 더욱 촉발되었다는 사실도 깨닫게 하셨습니다. 팀은 아버지를 용서했지만, 아버지가 가족을 어떻게 이끌어야 하는지 잘 몰랐기 때문에 자신의 가정이 해체되었다는 생각에는 변함이 없었으며, 아버지에게 실망한 마음을 거두지는 않고 있었습니다. 때문에, 자신도 아버지처럼 될지도 모른다는 생각에 마음 깊은 곳에서부터 두려웠던 것입니다. 자신도 아버지의 실수를 반복하고 말 것이라는 깊은 두려움이었습니다.

팀은 예수님께서 이것을 깨닫게 해 주시자, 아버지에 대해 자신이 판단했던 것을 주님께 회개했고, 자신을 옭아맨 두려움과 실망에서 자신을 벗어나게 도와달라고 예수님께 간구했습니다. 팀은 자유로워졌고 마음속 어딘가에 숨어있던 갈등을 성령님께서 드러냈습니다. 판단하는 것이 자기 생각의 패턴이라는 것을 절실히 깨닫게 된 팀은, 이후에 다른 사람들과의 관계에서도 판단을 배제하기 위해 노력했기 때문에, 주님께 모든 것을 맡겨 드리고 더욱 순종하는 삶을 살게 되었습니다.

- 짠티 이야기: 우울증과 공황 발작

짠티는 최근에 남자친구와 헤어지고 부쩍 우울해졌으며, 불안감이 치솟았습니다. 짠티는 아름답고 똑똑했으며 동남아시아 어느 국제학교 선생님이었습니다. 짠티는 어릴 때 아버지가 돌아가신 후 어머니가 재혼을 했는데, 계부가 짠티와 형제들을 학대하자 짠티의 이모가 아이들을 고아원으로 피신시켰기에 이후에 계속 고아원에서 자랐습니다. 짠티에게 아버지와 같은 사랑을 주었던 고아원 원장님이 갑자기 심장마비로 사망했고, 그때부터 짠티는 공황 발작을 일으키기 시작했습니다. 우리가 기도를 시작하자마자 짠티는 하나님의 따스한 임재를 느꼈고,

집으로 돌아오듯 하나님께로 돌아오기를 짠티가 그동안 얼마나 갈망했는지 주님께서 깨닫게 해 주셨습니다. 짠티는 자신이 지금까지 하나님으로부터 얼마나 멀어져 왔는지, 죄책감을 느끼면서 화도 나고, 이제는 하나님께 어떻게 다시 돌아가야 하는지 모르겠다고 했습니다. 우리가 공황발작의 근원을 위해 더 기도하자, 홀로 남겨지는 것에 대한 두려움이 그 근원임을, 주님께서 짠티에게 알려 주셨습니다. 짠티는 지금까지 그녀가 사랑하고 믿었던 사람들이 얼마나 자주 그녀를 혼자 내버려 두고 떠나갔는지 말했습니다. 어머니와 형제 자매, 그리고 아버지 같았던 고아원 원장님까지. 더 나아가 주님께서는, 짠티의 공황발작과 최근의 이별 사건을 연결하도록 도와주셨습니다. 이 모든 것이 어떻게 깊이 연결되어 있는지, 짠티는 마침내 깨달았고, 이후 모든 것을 주님께 올려 드리며, 놀라울 정도로 편안해지고 치유되었습니다. 저 또한 짠티의 주변에 그녀를 사랑하는 사람들이 얼마나 많은지, 필요하다면 짠티가 먼저

다가갈 수 있는 사람들이 얼마든지 있음을 떠올리도록 도와주었습니다. 또한 짠티는 다시 회복해야 할 관계가 있다는 것도 인식했습니다. 몇 회에 걸쳐 내적 치유 상담을 마친 짠티는 공황 발작이 다시 일어날까 봐 두려워하는 것에서부터 해방되었을 뿐만 아니라, 지금까지 단 한 번도 짠티를 절대 떠나지 않으셨던 주님과 다시 친밀하게 연결되었으며, 짠티 주변에 그녀를 사랑하고 아끼며 그녀 곁에 있어 줄 사람들을 주님께서 많이 붙여 주셨다는 것을 믿고 인정하기에 이르렀습니다.

- **올가 이야기: 트라우마, 신체적 학대 그리고 '노란 꽃'**

이번 사례는, 제가 가장 좋아하는 내적 치유 사례 가운데 하나로, 제가 카자흐스탄 신학교 중 한 곳을 방문하여 사역하고 있을 때 만났던 사례입니다. 올가는 제게 내적 치유 상담을 먼저 신청했음에도 불구하고, 그녀가 방에 들어왔을 때 제가 바로 알아차릴 정도로 매우 불편해

했습니다. 올가는 제게 눈도 마주치지 않았습니다. 저는 그것이 꽤 이상해서, 올가에게 자신의 이야기를 좀 들려 달라고 부탁하는 것으로 상담을 시작했습니다. 올가는 자신이 그동안 신학교 기숙사에서 생활해 왔으며 다시는 집으로 돌아가지 않겠다고, 방어적인 태도로 강하게 말했습니다. 저는 하고 싶지 않은 일은 하지 않아도 된다고 올가에게 말했고, 올가를 가르치거나 설득하기 위해 이곳에 온 것이 아니라고 말해 주었습니다. 그러자 올가가 긴장을 풀더니, 알코올 중독자 남편에게 오랜 시간 학대받았던 자신의 이야기를 들려주었습니다. 결혼식 날 밤, 남편은 술을 마시고 올가를 때렸는데, 이러한 학대는 결혼생활 25년 동안 반복되었습니다. 남편이 술을 마시고 집에 돌아온 날은 거의 매일 밤 이런 일이 있었습니다. 그러다 마침내 올가는 전도자에게 복음을 듣고 그리스도를 영접하였으며, 이 신학교로 탈출하기로 결심하고 줄곧 이 곳에서 생활해 온 것이었지만, 정작 학교에서는 아무도 올가에 대해 제대로 아는 사람이 없었습니다. 올가가 내적 치유를 받기 위해 저를 처음 방문했을 때 그토록 방어적이었던 이유가 이것이었습니다. 올가가 생각한 기독교 상담이란, 남편을 용서하고 그만 집으로 돌아갈 것을, 상담사가 올가에게 요구하는 것이었기 때문입니다. 올가는 지옥 같은 삶이 있는 집으로 다시 돌아가고 싶지 않다고 말했지만, 집에 자녀들을 남겨 두고 와서 반년 동안이나 돌보지 않은 것에 대해 죄책감과 수치심 또한 느꼈습니다. 저는 올가와의 상담 전에 이미 10회의 상담을 연달아 가졌던 상태였고, 매회 그다지 충분한 시간이 주어지지 못했기에, 하나님께서 이 심각한 사례를 어떻게 다루실지 정말 궁금했습니다. 우리는 기도했고, 하나님께서 말씀해 주시도록 마음을 열었습니다. 그러자마자 저는 "노란 꽃"의 비전을 보았습니다. 저는 이것이 무엇을 의미하는지 전혀 알 수 없었기 때문에, 노란 꽃이 올가에게 무슨 의미가 있는지 물었습니다. 올가는 울기 시작했고, 남편의 예측할 수 없는 폭력 때문에 얼마나 남편을 두려워했는지 말했습니다. 남편이 집에 돌아오면, 아이들이 너무 시끄럽다면서 올가를 때렸습니다. 그 상황을 피하기 위해 남편이 집에 오기 전에 아이들을 재우면, 아이들이 아빠를 마중하지 못하게 했다면서 또 올가를 때렸습니다. 이런 일은 계속되었고, 결국 올가는 남편이 집에 오는 시간에 맞춰 근처 노란 해바라기 밭 속에 숨어 있다가, 남편이 잠든 후에야 집에 몰래 들어오기로 결심했습니다. 그 노란 꽃이 올가에게 얼마나 중요한 의미인지는 오직 주님께서만 알려 주실 수 있었습니다. 노란 꽃의 비전을 통해, 예수님께서 올가의 고통을 알고 계셨고, 올가가 꽃밭에 숨어 있을 때 거기 함께 계셨으며, 지금 상담받는 장소에도 같이 계시다는 것을 알게 하신 것이었습니다. 우리 둘 다 방 안에서 주님께서 임재하심을 느꼈습니다. 올가가 안전하다는 것을 깨닫게 해 주신 것입니다. 예수님은 올가의 모든 것을 알고 계셨고 돌보셨습니다. 올가는 그제야 모든 슬픔과 두려움, 수치심을 내려놓았습니다. 예수님은 올가에게 당신의 사랑을 확인시켜 주셨습니다! 그 분은 임마누엘이십니다! 이 모든 것이 45분간의 단 1회 상담중에 일어났습니다. 주님께서는 저의 스케줄까지 맞춰 주셨다는 것을 저 또한 알게 되었습니다. 주님은 선하시며 바로 우리의 하나님이십니다!

III. 정의

내적 치유란 무엇인가요?

겉보기에는 다루기 힘들 것 같은 우리의 문제들, 강박과 감정적 어려움들 중 많은 부분이 우리가 과거에 받은 상처, 손상된 감정들 또는 고통스러운 기억들로 인해 해결되지 않은 긴장의 결과물입니다. "우리는 타인의 죄와 세상의 악 때문에 우리에게 벌어진 일에 깊이 영향을 받습니다." (프랜시스 맥넛)

저는 내적 치유 사역에 대해, 우리를 치유하시는 예수님의 손길과 사랑이, 우리 삶에 깊이 자리 한 상처와 문제 영역 가운데 성령님을 보내주심으로, 친히 해결하시고 열어가시는 특별한 기도 사역이라고 정의합니다. 이것은 우리 스스로 하나님께 귀를 기울임으로, 용서와 치유를 통해 원수의 손아귀로부터 우리 삶을 구원하시는 하나님의 진리를, 우리가 직접 우리 삶에 적용하는 효과적인 방법입니다.

제가 내적 치유를 처음 접했을 때는 내적 치유 사역에 대한 성경적이고 신학적인 근거와 그 건전성에 대해 의문을 많이 품었습니다. 이런 방식의 사역은, 복음의 순전한 힘을 약화시킬 위험을 초래할 수 있다는 걱정을 했습니다. 그러나 1995년부터 주님의 강권하심을 통해 제가 내적 치유 사역을 시작하면서, 내적 치유야말로 진정한 치유와 기도의 사역이고, 이 둘은 따로 떼어낼 수 없다는 것을 깨달았습니다. 오랄로버츠 대학의 교수인 줄리 마 박사에 따르면, '예수님은 복음을 전하는 것에만 관심이 있었던 것이 아니라, 고통받는 사람들을 직접 치유해 주셨습니다. 사실, 예수님의 모든 삶과 사역은 하나님의 권능을 우리에게 나타내 보여 주셨다고 특징지을 수 있으며, 그것이 복음을 전파하는 데 도움이 되었습니다.'(《힐링》중에서, 283쪽, Spiritus)

제가 품었던 기본적인 질문들과 제가 만났던 사람들과의 사이에서 떠올랐던 질문들이, 내적 치유가 무엇인지에 대한 질문에 더 잘 대답할 수 있도록 도와줄 것이라고 생각합니다.

• 왜 기독교인에게 내적 치유가 필요할까요?

충성스러운 기독교인으로 생활하는 것만으로 충분하지 않느냐고요? 충분하다고 말하고 싶지만, 아주 정직하게 말하자면, 죄의 문제와 또한 그 죄가 우리 삶에 미치는 영향이 있는 것이 사실입니다. 우리가 아는 기독교인 중에 많은 사람들이 타락했고 지금도 타락하고 있음을 우리가 봅니다. 그 이유는, 성령께서 친히 우리에게 진리를 주시고 치유를 해 주시도록, 우리 삶의 영역 가운데 우리가 친히 성령님께 내어드리고 허락해야 하는 영역이 있고,

또한 그것을 알고 다루는 것이 중요함에도 불구하고, 그들은 그것을 인정하지 않았기 때문입니다. 그들은 죽은 나뭇가지들, 즉, 그들이 결코 중요하게 다루지 않은 견고한 진을 가지고 있었고, 그것은 결국 그들에게 올가미가 되었습니다.

- 내적 치유라는 개념이 성경적인가요?

물론 성경에 내적 치유라는 단어가 직접적으로 언급되어 있지는 않지만, 예수님께서 사람들과 소통하신 방식을 살펴보면, 특히 사마리아 여인이나 베드로 사도의 이야기에서 내적 치유의 개념이 매우 분명하게 나타납니다. 사마리아 여인과의 대화를 보면, 예수님은 그 여인에게 물을 구하시는 방법으로 먼저 다가가시며 관계를 형성하려고 하셨습니다. 예수님은 그 여인을 예배자로 알아봐 주시면서 그녀를 인정하셨습니다. 그 여인에게 "너의 남편을 데려오라."고 요청하심으로 그녀의 수치심과 고통의 진짜 원인을 마주하도록 도우셨고, 그녀가 처한 상황에 대한 진실을 드러내셨습니다. 예수님께서 그녀와 함께하심 자체가 그녀의 기도에 대한 응답이었습니다.

내적 치유에 대한 또 한 가지 성경적 근거로써 사도 베드로와 부활하신 예수님에 관한 요한복음 21장에 대해서는 제5장 성경적 근거에서 더 자세히 살펴보겠습니다.

- **치유를 위해 모두가 내적 치유 사역을 받아야 하나요?**

아닙니다. 사람을 치유하는 것은 내적 치유 상담이 아니라 하나님의 능력이라는 것을 아주 분명히 할 필요가 있습니다. 그러나 앞에서 말씀드린 대로 내적 치유 사역은 강력한 치유 사역인데, 우리의 마음과 정신, 영혼의 영역을 치유하고 변화시키는 성령의 능력이 우리에게 친히 임하시도록, 우리 스스로를 그러한 자리에 있도록 해 주기 때문입니다. 제 개인적인 바람으로는 우리 모두, 특히 영적

지도자들이 내적 치유 상담을 경험해 보시길 바랍니다. 왜냐하면 사탄은 언제나 우리의 약점을 샅샅이 찾아내려고 하기에, 우리가 영적으로 더 많이 깨어 있어서 그것으로부터 자유로워질수록, 다른 사람들을 더 잘 이끌 수 있도록 우리 스스로 더욱 준비될 것이기 때문입니다. 그러나 내적 치유는 어디까지나, 하나님께서 우리를 치유하시고 변화시키기 위해 선택하실 수 있는 여러 가지 방법 중 하나일 뿐입니다. 저 또한 내적 치유를 예수님을 더 닮아가는 성화의 한 방법으로 보고 있으며, 특별히 성령의 임재 가운데 우리가 주님 음성을 듣고, 주님 앞에 고백하는 것을 우리의 영적인 훈련으로 봅니다.

- 내적 치유 사역을 하려면 비전을 볼 수 있거나 은사가 있어야 하나요?

일부 내적 치유 사역자들은 다른 사역자들보다 더 주님께 받은 은사가 있기도 하지만, 은사가 내적 치유 사역자가 되는 것에 있어서 중요한 요건은 아닙니다. 모든 사역과 직책이 그렇듯, 하나님께서는 먼저 확신과 소명을 주시고, 그다음에 우리에게 필요한 은사들을 공급해 주시며, 부르심에 맞게 우리가 준비되도록 우리를 손수 인도하신다고 생각합니다. 제 어머니 말씀에 의하면, 저는 아기 때부터 자비와 긍휼의 은사가 있어서 우리 집 찢어진 비닐 바닥조차 쓰다듬어 주며 '아야 아야'하곤 했다고 합니다. 또 제가 어렸을 때에도, 친구들은 재미있게 놀고 싶을 때는 제 여동생과 놀기 위해 제 집에 찾아 오고, 어떤 문제를 겪을 때는 얘기를 들어줄 사람을 찾아 저에게 찾아 오곤 했습니다. 영적인 은사를 활용할 수 있는 능력은 사역을 하는 데 매우 강력하고 효과적인 방법이라고 생각합니다. 이는 설교자나 목회자, 전도자 혹은 교사, 관리자들에게도 마찬가지로 적용됩니다. 내적 치유 사역자들이 영적 은사를 사용할 수 있고, 지혜의 말씀, 지식의 말씀을 사용할 수 있으며 비전을 볼 수 있다면 무척 쉽게 사역할 수 있을 것인데, 왜냐하면 내적 치유 사역에는 사람들의 삶에 대한 영적 통찰력이 매우 필요하기 때문입니다. 그러나 그에 못지않게 더욱 중요한 것은, 주님께서 공급해 주신 은사를 하나의 기술로서 갈고닦을 수 있는 헌신, 그리스도의 사랑을 가지고 안전하면서 효과적으로 사람들을 상담해 줄 수 있는 사람이 되기 위한 진실함과 성숙함입니다.

• 내적 치유 상담은 어떻게 진행되나요?

대부분은 매주 1회의 주간 상담으로 정하고 3~6회기까지 지속한 후에 상담을 마무리하게 되는데, 경우에 따라 일회적 상담만으로 종료할 수도 있고, 혹은 심각한 사례일 경우에는 일주일에 한 번씩 6개월 이상 지속하여 상담하게 되는 예도 있습니다. 또한 내적 치유를 가르친 후에는 30~40분간의 개별 상담을 연속으로 진행할 수 있도록 했습니다. 말할 것도 없이 내적 치유 상담은 시간은 오래 걸리지만, 진리와 성령의 능력으로 사람들에게 깊이 있게 사역할 소중한 기회이기 때문에, 때로는 깊은 차원의 치유라고도 부르게 됩니다.

- 믿는 자들도 귀신 들릴 수 있나요?

그렇습니다. 다만 저는 제가 공부했던 풀러 신학교의 찰스 크래프트 박사의 구분 방식을 좋아하는데, 박사님은 귀신 들림과 귀신에 사로잡힘, 둘 사이의 차이를 구분했습니다. 기독교인이 마귀에게 완전히 사로잡힐 수는 없지만, 기독교인도 귀신 들리거나 귀신이 그 사람 안에 들어갈 수 있다고 그는 말합니다. 그러한 구분의 기준은 사람의 정체성에 있습니다. 우리가 그리스도를 영접함으로 구원받고 나면 우리의 영혼이 살아나고, 의도적으로 믿음에서 완전히 변절하지 않는 한, 우리의 모든 연약함과 심지어 과거와 현재, 미래의 죄악조차도 우리의 구원을 무효화하지 못하며, 마귀는 우리의 영혼 속으로 절대 들어올 수 없습니다. 하지만, 인간은 기독교인이라 하더라도, 마귀의 영과 그 영향력에 대해 무방비 상태가 될 수 있는데, 저 또한 신실한 기독교인들에게서 귀신 들림 현상이 나타나는 것을 보았습니다. 크래프트 박사는 사람의 생각, 감정, 그리고 육체적인 영역에 마귀가 들어올 수 있지만 영 안으로는 들어오지 못한다고 말합니다. 제가 목사로서, 그리고 내적 치유 상담자로서 수많은 기독교인들에게 축사해 온 경험상, 저도 이 말이 맞다고 생각합니다.

종합하면, 내적 치유 사역은 하나님의 자녀들에게 치유와 충만함을 주시고자 하는, 하나님의 소망이라고 생각합니다. 주님께서 이것을 어떤 방법으로 하시느냐에 그 핵심이 있는 것이 아니라, 우리를 치유하고 자유롭게 해 주시려는 주님의 마음에 그 목적과 소망이 있습니다. 저는 내적 치유 사역을 할 때마다, 하나님의 마음이 물에 빠진 아이를 구하고자 하는 아버지의 마음과 같다고 묘사했던 누군가의 말이 늘 떠오릅니다. 우리에게 다가오는 것,

우리를 구원하고 치유하고자 하는 것은 무엇이든, 그것은 우리를 사랑하시는 하나님의 진실한 마음의 열망입니다. 우리가 이것을 깨닫고 하나님께 나아가며, 이해하고, 반응할 때, 주님께 속한 선한 것들이 우리에게 오게 될 것입니다. 마침내 우리는 주님께서 주시는 치유와 자유(deliverance)를 경험하게 됩니다.

IV. 내적 치유의 실제

내적 치유는 어떻게 이루어지나요?

내적 치유에 있어 가장 중요한 점은, 하나님을 사랑하고 그의 백성을 사랑하며, 그들이 치유되고 자유로워지는 모습을 보고 싶어 하는 것이며, 그다음으로 중요한 점이 상담자의 영적 능력과 기본적인 상담 기술입니다. 그리고 내적 치유는 영적인 기도 사역이기 때문에, 상담자는 이 사역에 영적 전쟁의 측면이 있다는 것을 반드시 인식해야 합니다. 원수는 사람들이 치유되고 속박에서 해방되는 것을 무엇보다 싫어합니다. 원수는 할 수 있는 모든 것을 하여 주의를 산만하게 하고 방해하기 때문에, 우리가 내적 치유에 대한 성경적 지식과 영적인 작용에 대해 더 많이 이해하고 있을수록, 상담자는 내담자가 주님께 내적 치유를 받을 수 있도록 더 잘 인도할 수 있습니다.

또한, 일반 상담은 상담자와 내담자 간 상호 작용이지만, 내적 치유를 병행한다면 내담자와 사역자, 그리고 성삼위일체, 이렇게 세 인격 사이의 상호작용입니다. 내적 치유 사역자의 역할은 주로 내담자 스스로가 주님으로부터 직접 치유를 받을 수 있도록 그들을 주님을 대면하는 자리로 인도하는 것입니다. 내적 치유 사역에 여러 가지 접근법이 있지만, 보통 일주일에 한 번, 1시간~1시간 반, 보통 3~6회 정도로 일반 상담회기처럼 마련되지만, 단 1회에서 종료되거나 혹은 길게는 6개월, 또는 그 이상까지 사례의 심각성에 따라 다양할 수 있습니다. 내적 치유는 상담센터에서처럼 좀 더 체계적인 환경에서 진행할 수도 있고, 교회 사무실, 혹은 누군가의 집에서 비공식적으로 진행할 수도 있습니다. 일반 상담 과정과 마찬가지로 상담 시작 전

준비 부분은 필수입니다.

- 준비

　여러분의 이해를 돕고자, 저는 내적 치유 사역자를 "상담사"라고 표현할 것이고, 내적 치유를 받는 사람은 "내담자"라고 부를 것입니다. 내담자에게 신뢰와 안정감을 제공하기 위해, 내담자의 비밀을 지킬 능력과 의무, 내담자의 말을 듣고 공감할 수 있는 능력이 먼저 꼭 필요합니다. 다음으로 중요한 것은, 상담 중에 방해받지 않도록 안전하고 적합한 환경을 만드는 것입니다. 부록 E, 기본 상담에 필요한 규약에 있는 비밀 유지, 능동적 경청 및 공감 능력에 대한 부분을 참조하시길 바랍니다.

　내적 치유 상담을 신청받는 과정에서 내담자에게 간단한 설명과 함께 일종의 신청서 양식을 제공하는 것이 좋은데, 상담 내용과 관련해서는 비밀이 보장됨을 미리 알려주며, 상담 규정을 미리 알려 줌으로 내담자가 상담 시간에 안전을 보장받는다고 느끼게 하도록 하기 때문입니다. 마지막으로, 상담자가 상담에 필요한 내담자의 관련 정보를 가질 수 있는 절차가 되기 때문입니다. 이 방법은 구조화된 상담에 더 적합할 수 있지만, 교회 혹은 비공식적인 환경에서도 상담 상황에서 내담자의 안전을 보장하기 위해 내적 치유 상담 내용의 비밀 유지를 강조하는 것이 매우 중요합니다.

상담자가 내담자와 좋은 관계를 시작하고 형성해 나가는 것은 아주 중요하며, 내담자와 처음 만나는 첫 회기에서는 그들의 이야기를 들으면서 더욱 전체적인 그림을 얻을 수 있도록 조금 더 긴 시간을 배정하는 것이 효과적입니다.

첫 회기의 첫 번째 기도는 보호와 초대의 기도입니다. 이것은 내적 치유 사역을 진행할 때 현장의 영적 실재뿐만 아니라 하나님의 임재를 인식하는 것입니다. 성경은 보이지 않는 영적 세력에 대해 열왕기하 6장 17절에 다음과 같이 적고 있습니다. "기도하여 이르되 여호와여 원하건대 그의 눈을 열어서 보게 하옵소서 하니 여호와께서 그 청년의 눈을 여시매 그가 보니 불말과 불병거가 산에 가득하여 엘리사를 둘렀더라." 그러므로 우리는 내적 치유 사역을 할 때 하나님의 보호를 구하며 사역 장소, 우리의 가정, 사역, 재산 등 주님께서 우리에게 속하게 해 주신 소유물들을 주님께서 보호하시고 예수님의 보혈로 덮어주실 것을 구해야 합니다. 우리는 또한 주님을 상담자요 치료자로 초대하고 우리가 주님의 계시와 진리를 민감하게 받을 수 있도록 성령께서 친히 우리를 깨우쳐 주시도록 기도드려야 합니다.

5R: 계시, 기억, 회개, 단절, 새롭게 됨

저는 내적 치유 과정을 알파벳 R로 시작하는 5가지 단어로 가장 잘 설명할 수 있다고 생각합니다.

- **계시**(Revelation)

"마음을 살피시는 이가 성령의 생각을 아시나니 이는 성령이 하나님의 뜻대로 성도를 위하여

간구하심이니라."(로마서8장 27절)

    내적 치유에 있어서 상담자가 내담자의 이야기를 듣고 그가 겪고 있는 고통과 문제를 아는 것이 중요하지만, 그렇더라도 대부분의 내담자가 자신이 겪고 있는 문제의 근본을 완전히 이해하지 못하는 경우가 많습니다. 그래서 우리는 보호와 초대의 기도를 마친 후에 주님께 "이 시간에 내담자를 위한 하나님의 마음은 무엇이며, 이번 상담 시간에 우리가 무엇을 기도해야 하는지 알려 주시기를 구합니다"라고 기도합니다. 이 시점에서 내담자는 하나님과 '연결'되고 있는 것입니다. 내담자는 하나님의 말씀을 듣습니다. 이것은 내담자가 스스로 하나님의 말씀을 듣고, 그동안 자신을 중심으로 삶의 경험과 사건을 이해했던 것에서, 이제는 하나님 중심으로 이해하는 방법을 받아들이는 중요한 전환점이 됩니다.

    내담자는 보통 방 안에서 자신을 향한 하나님의 사랑과

하나님의 임재를 느끼며 감사의 마음을 갖게 됩니다. 상담자는 내담자에게 "상담에 예수님을 초대해 달라"고 요청할 수 있으며, 이 시점에서 어떤 사람들은 이번 상담 시간을 통해 해결해야 할 문제에 대해 주님께서 말씀해 주시는 것을 미리 듣기도 합니다. 해결해야 하는 문제가 무엇인지 이미 알고 있을지라도, 이 부분에 대해 상담자와 내담자가 마음을 합하여 함께 기도하기를, 주님께서도 원하신다는 것을 알게 된다는 것 자체가, 이 문제에 대해 스스로 기도해야 한다는 확신과 영적인 권세를 내담자에게 부여하는 것입니다.

저는 내적 치유의 방법과 효과를 믿습니다. 하나님께서 이 상담 과정에 관여하신다는 사실은 내담자들이 건강한 방식으로 그들의 문제에서 벗어날 수 있도록 도와줍니다. 왜냐하면 내담자가 자신의 문제들을 자신의 관점이 아닌, 하나님의 관점에서 볼 수 있도록 해 주기 때문입니다. 또한, 자신의 궁극적인 정체성이 그리스도 안에 있다는 것을 내적 치유 과정에서 더욱 확실하게 깨닫게 되기 때문에, 주님께서 자신에게 권세를 주셨음을 기억하게 됩니다. 이 모든 것은 우리가 하나님을 상담에 초대하고 그분의 말씀을 듣는 과정을 통해 매우 자연스럽게 일어납니다.

그런데 또 어떤 경우에는, 내담자들이 현재 자신에게 문제로 드러난 분노나 불안이 아닌 전혀 다른 부분에 대해 더 심각한 문제가 있음을, 하나님께서 직접 도와주시고 깨닫게 해 주시는 과정을 통해 알게 됩니다. 또 어떤 경우의 상담에 있어서는, 내담자가 하나님의 임재를 느낄 수 없고, 주님의 음성도 들을 수 없을 때가 있는데, 그럴 때 저는 내담자가 하나님과 가장 친밀한 시간을 가졌던 때를 기억해 내도록 돕습니다. 내담자는 하나님의 임재를 느끼기 시작합니다. 내담자가 하나님과 연결되는 데 어려움을 겪을 때, 내담자를 구속하는 무엇이 그 생각 속에 강력하게 자리 잡고 있기 때문인데, 그런 생각을 내어 쫓고 내담자가 하나님과 잘 연결되도록, 저는 내담자들과 더 많은 이야기를 나눕니다.

- **기억**(Remembrance)

　내담자가 겪고 있는 고통의 원인이나 문제의 영역을 주님께서 우리에게 알려 주신 후에는, 그 고통에 대한 기억의 뿌리가 무엇인지 알려 주시기를 다시 기도함으로 간구합니다. 그 문제가 다시금 우리의 정서적 영역과 연결되지 않고 머리로만 논리화되거나 해석되는 경우에는, 내적 치유로 얻게 되는 효과가 없을 것이기 때문입니다. 치유 과정이 내담자의 인지적 사고의 영역에만 머물다 끝나게　되면, 과거에 불법이 일어났던 시간으로부터 문제가 시작된, 내담자의 잠재의식 혹은 감정적인 영역까지 더 깊이 들어갈 수 없게 됩니다. 내담자가 가진 대부분의 상처들은 그들이 과거 어린 시절에 겪었던 사건으로 기인한 것인데, 그 상처가 내담자 현재의 문제 상황을 촉발한 어떤 것과 깊이 관련이 있기 때문에, 이 영역을 주님께서 직접 만져주시도록 우리가 맡겨 드려야 합니다.

어떤 사람들은 어린 시절에 대한 기억이 전혀 없다고 느끼거나, 자신이 지금 겪고 있는 문제는 어디까지나 현재의 문제일 뿐, 어린 시절의 상처나 트라우마와는 관련이 없다고 생각합니다. 이런 경우에 우리는 우선 내담자의 과거 부분은 건너뛰고 현재의 문제만 다루지만, 두 번 혹은 세 번의 후속 상담이 이어진 후에는, 자신의 과거와 현재의 문제가 떼려야 뗄 수 없이 깊이 연결되어 있다는 깨달음(revelation)에 결국 도달합니다.

내담자가 과거를 기억할 수 있도록 상담자가 도운 후에 내담자가 그 기억에 연결되면, 상담자가 내담자의 내적 치유에 접근할 수 있는 몇 가지 방법이 있습니다. 우리는 내담자가 예수님을 자신의 기억 속으로 초대하도록 요청할 수 있습니다. 그 기억은 내담자에게 무척 아픈 기억일 수도 있고, 두렵거나 혹은 심지어 수치심을 주는 기억일 수도 있습니다. 그것은 내담자의 마음 한구석에 항상 있어 왔던 기억인데 하나님께서 그것을 어떤 계기를 통해 갑자기 조명하실 수 있습니다. 혹은, 내담자가 당면해 있는 현재의 문제와 관련해서는 결코 중요하게 여겨지지 않았던 기억이었는데, 그것이 이 문제와 관련되어 있다는 것을 어느 날 갑자기 깨닫고 내담자 스스로 떠올린 기억일 수도 있습니다.

이때, 우리는 예수님께 내담자의 기억 속으로 들어와 주십사 요청함으로써, 예수님을 초대할 수 있습니다. 이 일 후에, 여러 가지 일이 일어날 수 있습니다: 예수님께서는 내담자의 기억 속, 과거의 그 시간에 내담자와 함께 계셨던 주님을 볼 수 있게 해 주시거나, 지금 내담자와 함께 계심을 느낄 수 있도록 하실 수 있습니다. 또는 내담자가 예수님을 직접 보지는 못하더라도, 예수님께서 어떤 계시를 주신다든지 혹은, 이미 일어났던 사건이지만, 그것을 이전과는 다른 관점으로 보거나 생각하도록, 내담자의 내면에 변화를 일으키실 수도 있습니다.

한 예로, 한 부모가 자살 시도를 했던 여고생 자녀를 저에게 데려왔던 적이 있습니다. 그 학생은 부모님이 자기를 싫어해서 자기를 억압하고 정신 병원에 보내려 한다고 불평했고, 부모님 때문에 매우 마음이 상하고 화가 나 있는 상태였습니다. 우리는 그 학생이 과거에 부모로부터 학대받았다고 기억하는 사건들을 놓고, 주님 앞에 함께 기도했습니다. 우리가 주님께 간구하기를, 이 여학생의 과거의 기억으로 우리를 데려가 주시라고 했고, 또한 이 기억을 예수님의 눈으로 다시 볼 수 있도록 도와주십사 기도했습니다. 처음에 그녀는 부모님께 매우 화를 냈고, 그다음에 저는 그녀의 부모님이 손이 뒤로 묶인 채 의자에 앉아 있는 장면을 기도 중에 본 것을 학생에게 이야기해 주었습니다. 저는 학생의 부모님에게 당시에 무슨 일이 일어났던 것인지, 누가 그들의 손을 묶었는지 물었습니다. 그러자 그녀는 갑자기 "제가 했어요. 제가 부모님의 손을 묶었어요"라고 말했습니다. 그러면서 자신이 부모님에게 아픔과 고통을 안겨 주었던 시절의 기억들이 그녀에게 쏟아져 들어오며 스스로 깨닫게 되었습니다. 학생은 인터넷으로 오컬트에 접촉했고 그녀가 마약 중독과 자해, 자살을 시도함으로 그녀 자신이 겪은 고통 이상으로, 자기 부모에게 얼마나 많은 아픔과 고통을 주었는지, 이전과는 다른 관점에서 자신의 과거를 바라보기 시작했습니다. 지금까지의 자기중심적인 이해에서, 이제는 하나님 중심적인 이해로 상황을 다시 볼 수 있게 바뀌었고, 자신의 죄를 회개하기 시작했습니다. 자신의 과거 기억으로 돌아가 예수님의 눈으로 진실을 볼 수 있도록 간구함으로써, 그동안 부모님과의 고통스럽고 폭력적이었던 관계에서 자신의 잘못을 처음으로 인정했습니다.

어떤 경우에는 예수님께서 내담자의 기억 속에 나타나셔서, 당시의 내담자를 위로하고, 보호하고, 함께 울기 위해 그 자리에 내담자와 함께 계셨다는 것을 기도 가운데 비전으로 보여주실 때가 있습니다. 때로는 내담자의 고통스러운 상황 가운데 이웃이나 친구를 꼭 맞는 시간에 보내주시고 어떻게 도움을 받게 하셨는지, 내담자 스스로 기억하도록 도와주십니다.

내담자가 강간이나 학대받았던 경우에는, 내담자가 이런 일을 겪고 있을 때 예수님은 어디에 계셨는지 우리에게 알려 주시기를 기도로 구하는 것은 항상 저를 놀라게 합니다. 상담자로서 저는 내담자 혹은 피해자가 자신을 그 일로부터 보호해 주지 않았던 예수님을 원망할 것이라고 예상합니다. 그러나 기도하는 가운데 과거의 기억 속에서 당시의 예수님을 만난 내담자는, 그 상황에 대한 예수님의 고통과 내담자에 대한 주님의 사랑을 느낍니다. 내담자가 경험하는 예수님의 임재가 내담자의 상상이 아니라 진짜 임재라는 것을 저도 깨달을 수 있게 됩니다. 주님의 임재 자체가 과거의 기억에 대한 내담자의 관점과 태도를 변화시키고, 결국 치유를 가져옵니다.

- **회개**(Repentance)

　기독교인으로서의 우리가 가진 가장 중요한 특권 중 하나는 죄로부터의 용서입니다. 우리가 죄를 지었든, 혹은 다른 사람이 지은 죄로 인해 피해를 입은 사람이든 상관없이 말입니다. 성폭행과 강간으로 인해 피해를 입은 많은 여성들을 상담해 오면서 제가 이것을 배웠습니다. 치유의 한 과정이긴 하지만, 너무나 억울하게 피해를 입은 사람들에게 회개하라고 말하기는 정말 어렵습니다. 그러나 이것이야말로 필수적인 성경적 단계로, 비록 피해자라 하더라도 상처와 고통의 기억에 얽매인 사람이기에 자유함을 주는 이 과정이 더욱 필요합니다. 갇힌 자와 사로잡힌 자 모두에게 자백과 회개가 필요합니다. 갇힌 자들은 자신들이 지은 죄를 뉘우쳐야 하기 때문에 자백하고 회개해야만 하고, 사로잡힌 자들 또한 피해자로서 느꼈던 분노와 증오, 판단의 포로로 살아왔기 때문입니다. 예수님께서 큰 죄인, 작은 죄인에 대해 성경을 통해 말씀하셨습니다. 마가복음 9장 42절에 "또 누구든지 나를 믿는 이 작은 자들 중 하나라도 실족하게 하면 차라리 연자맷돌이 그 목에 매여 바다에 던져지는 것이 나으리라."

피해자들은 자유로워지기 더 어려운데, 자신들이 용서하기 전에 가해자가 먼저 자기 죄를 인정하고 피해자에게 잘못을 빌어야 한다고 생각하기 때문입니다. 그러나 이런 일은 좀처럼 일어나지 않습니다. 따라서 피해자들은 가해자에 대한 판단과 분노, 증오에 사로잡히고 그러한 감정들에 갇혀서 살게 됩니다. 이런 경우에 저는 하나님 앞에 죄를 짓고 자신에게 피해를 줬던 사람과 는 상관없이, 하나님에 대한 자신의 반응에만 오직 집중할 것을 내담자에게 제안합니다. 이 과정이, 내담자가 죄에 대한 자신의 반응을 처리하는 데 대체로 도움이 됩니다. 피해자들이 이러한 감정적인 죄도 인정하고 이것을 회개하면, 예수님께서는 더 많은 계시와 진리를 그 상황 가운데 가져와 주시고 피해자를 도와주십니다. .

일반 상담에서는, 심지어 어떤 기독교 상담에서조차 죄와 회개의 문제를 건드리는 것을 기피하지만, 이것이 기독교의 주요 교리인 데는 이유가 있고, 죄를 자백하고 회개하는 것에 능력이 있습니다. 우리는 또한 성령에 민감하게 깨어 있어서, 내담자를 판단하거나, 내담자에게 무엇을 강요하지 않는 자세를 가져야 합니다. 내담자를 돕고자 하는 상담자와 하나님께 대해 내담자가 전적으로 믿음을 주기 전에는, 이러한 치유 과정이 일어날 수 없다는 것을 명심해야 합니다. 성령께서는 우리의 죄를 드러내어 정죄하려는 것이 아니라 치유하시기 원하신다는 것을 내담자가 알 정도로, 하나님과 상담자에 대해 내담자의 신뢰 관례가 형성되어 있어야 합니다.

- **단절**(Renouncement)

내적 치유 과정 가운데, 하나님께서 계시를 통해 우리 내면 가장 깊숙이 자리한 문제와 진리를 만나게 해 주시는데, 영적 세력 간의 대면도 있습니다. 사람이 거짓의 묶임에서 벗어나게 될 때, 주님께서 주신 진리는 우리를 자유롭게 할 것입니다. 주님 앞에 우리가 겸손해져서 회개하는 자리로 나아올 때, 원수를 무장해제 시킬 수 있습니다. 이때 비로소, 우리는 하나님께서 주신 권세를 사용하여 우리를 가두고 통제하던 원수들과 맞서, 이들을 예수님의 이름과 권세로 내쫓을 수 있는 위치에 서게 됩니다. 인간의 의지와 능력만으로는 이러한 영적인 적들의 통제를 극복할 수 없기 때문에, 하나님께서 주신 권세와 능력이 우리에게 필요합니다. 우울증, 분노, 불안, 두려움, 중독 그리고 상처는 우리의 마음과 생각, 그리고 심지어 육체에까지 깊이 침투할 수 있습니다.

상담자나 내담자 모두, 내담자 안에 자리한 깨끗하지 못한 영을 불러내어, 예수님의 발아래로 떠나가도록 할 수 있습니다. 이것은 단순한 축사 기도로 보이지만, 대부분의 많은 내담자가 이 기도 후에 자신의 영이 더 가볍고 더 자유해졌음을 느낍니다. 어떤 영들이 빠져나올 때, 그것들이 떠나는 것이 실제로도 느껴질 것입니다. 드물지만 어떤 영들은, 그 사람 안에서 육체적인 현상을 드러내며 떠나기를 거부하고 싸우는 경우도 있습니다. 이런 경우에, 우리는 계속해서 축사 기도를 할 수도 있지만, 저항이 너무 강하다면 다시 내적 치유로 돌아가서, 내담자가 끊어 내려고 하지 않는 문제들이 아직도 남아 있는지 찾아봐야 합니다. 더러운 영과 단절할 것을 선포하는 기도도 내적 치유의 일부에 해당하는데, 애초에 우리에게 내적 치유가 필요한 이유이기 때문입니다. 우리가 스스로 감정과 생각을 통제할 수 없기도 하고, 어떤 경우에는 심지어 약물이나 음란물과 같은 신체적 중독과도 싸워야 하기 때문입니다. 인간이 지닌 감정이나 생각, 예를 들어, 불안, 두려움, 우울, 분노 그리고 중독이 우리를 통제할 때, 우리는 예수님께서 주신 권세를 가지고 이것들을 끊어 내고, 이런 통제로부터 자유로워져야 합니다. 하나님께서 주신 계시로 내적 치유 과정을 거친 후에 이러한 영적 속박을 끊어낼 수 있는 이유는, 과거로부터 감정에 연결된 죄를 고백하고 회개함으로써 원수를 무력하게 만들고, 우리에게 주신 예수님의 이름의 권세에 쉽게 굴복시킬 수 있기 때문입니다. 감정적 치유와 축사의 관계는 피터 와그너가 '능력 대결'에서 말한 '쓰레기와 쥐'의 비유와 같습니다. 감정 쓰레기가 없는 곳은 쥐, 즉 마귀의 견고한 진을 끌어당기는 요소가 없는 것입니다.

- **새롭게 됨**(Renewal)

내적 치유 사역에서 마지막 단계는 우리를 향한 하나님의 마음을 깨닫는 것인데, 단순한 치유를 넘어 하나님과 우리가 이전보다 더 멋지고 친밀한 관계로 나아가는 것임을, 내담자에게 다시 한번 생각나도록 도와주는 것입니다. 하나님께서 이사야서 55장 3절을 통해 우리에게 말씀해 주십니다. "너희는 귀를 기울이고 내게로 나아와 들으라 그리하면 너희의 영혼이 살리라 내가 너희를 위하여 영원한 언약을 맺으리니 곧 다윗에게 허락한 확실한 은혜이니라." 단순히 이 세상에서 살아남기 위함이 아니고, 적당히 잘 살기 위함도 아닌, 하나님께서 우리, 즉 그분의 자녀들을 위해 설계하신 모든 것을 누리며, 성령님의 도우심을 받아 모든 것에 대해 참자유를 누리며, 주님께서 부어 주시는 권세와 능력을 받고 또 온전히 누리는 삶을 살기 위한 것입니다. 살아 있는 나무의 살아 있는 가지들 사이에 얽혀 있던 죽은 가지의 비유처럼, 우리가 속박당하는 것으로 느끼는 감정들은 실제로는 하나님께서 우리에게 주신 강점인데, 원수가 우리를 속이고 빼앗아 하나님께 영광 돌리지 못하도록, 우리 스스로 형편없는 사람이라고 생각하게 만든 것입니다. 우리가 스스로 마귀에게 허락하여 속사람 안에 치고 있던 이러한 견고한 진들을 단절시키고 쫓아내고 나면, 우리의 인격은 변함없지만, 품어왔던 분노는 열정으로 바뀌고, 두려움은 중보로, 상처는 보호받지 못하는 사람들을 위한 옹호로, 수치심은 긍휼로 변하게 됩니다.

정리하자면, 내적 치유 상담을 통해 두 가지 일이 일어납니다. 첫째, 진리와의 대면은 우리에게 치유를 위한 **기억**(Remember)을 떠올려 주시는 성령님의 **계시**(Revelation)를 받아, 우리가 과거의 기억을 재구성할 때 일어납니다. 주님께서는 우리가 과거의 사건을 바라볼 때 하나님의 관점으로 다시 볼 수 있게 해 주셔서, 죄를 자백할 기회를 주시고, 진실한 **회개**(Repentance)를 할 수 있게 하시며, 결국 우리를 자유롭게 하십니다.

둘째, 영적 세력과의 대면이 일어납니다. 마귀의 견고한 진이란, 내담자가 마귀에게 속아 마귀의 거짓말을 통해 대적이 역사하도록 허락한 것인데, 우리가 함께 기도함으로 이 세력을 **단절**(Renounce)하고 맞서서, 그것에 붙어 있는 것들을 쫓아낼 때 대면하게 됩니다. 이 과정을 통해, 우리는 치유될 뿐만 아니라, 예수님의 능력을 얻고 **새로워집니다**(Renewed).

내적 치유 기도

1. 초대와 보호의 기도

"주여, 주님께서 '제니'(내담자의 이름)를 이곳으로 오게 해 주신 것에 감사드립니다. 제니에 대한 주님의 마음을 오늘 이 시간을 통해 알게 해 주시고, 제니가 주님께 치유를 받을 수 있도록 도와주시옵소서. 주여, 주님께서 이곳에 와 주시기를 원하고, 우리가 기도하는 동안 주님께서 이곳에 임재하심을 우리도 알게 도와주시옵소서."

"주님, 주님의 보호하심 가운데, 천사들을 이 곳에 보내주셔서, 이곳을 지켜 주시기를 기도합니다. 우리의 가족, 사역, 일터, 소유물들에 보호의 울타리를 둘러 주시옵소서."

(하나님께서 덮어 보호해 주시기를 원하는 곳이라면 어디든지)

2. 하나님께 계시를 구하는 기도

"주님, '제니'를 향하신 주님의 마음이 무엇인지 알 수 있도록 도와주시옵소서. ”

내담자가 비전을 볼 수 있거나 내적 치유 경험이 있다면, 이렇게 기도하고 하나님께서 어떤 생각이나 비전을 통해 말씀해 주실 때까지 기다립니다.

내담자가 처음 내적 치유를 받는 경우, 우리는 이렇게 기도할 수 있습니다. "주님, 제니가 주님을 가장 친근하게 느꼈던 때를 기억나게 해 주세요…" 그리고 기다립니다(이 순간에 상담자는 내담자가 하나님과 연결되도록 돕습니다).

내담자에게 질문합니다. "하나님께서 당신에게 말씀하시는 것을 느꼈거나, 아니면 어떤 장면을 본 것이 있습니까?", "하나님과 가장 가깝게 느껴졌던 때를 기억하시나요? 그 시간에 대해 말해 줄 수 있으세요?"

내담자가 하나님과 연결되는 것이 중요하므로 "이 방에서 하나님의 임재가 느껴지나요?"와 같은 질문을 할 수도 있습니다.

그런 다음, 오늘 내담자가 기도해야 할 문제 영역을

하나님께 여쭈어봅니다.

"주님, 오늘 저희가 함께 기도해야 할 것들이 무엇인지 알려 주시겠어요?" 내담자가 기도하고 싶은 내용을 이미 나눴다면 다음 단계로 넘어갈 수 있습니다. 그렇지 않다면, 내담자에게 주님께서 계시하신 것을 말하게 해 봅니다. 상담자에게 떠오른 생각이나 비전이 있다면 내담자와 나눌 수 있지만, 상담자가 이야기하기 전에 항상 내담자가 먼저 나누게 합니다.

3. 기억을 위한 기도

"주님, 제니가 최근 불안감을 느끼는 문제를 겪고 있는데, 이 불안감의 근본 원인이 무엇인지 우리에게 밝혀 주시옵소서. 제니가 기억하기를 주님께서 바라시는, 어떤 특별한 과거의 기억이 있는지요?" 만약 내담자가 현재 겪고 있는 문제와 관련된 무언가를 기억하기 시작한다면, 상담자는 내담자가 그 기억에 대해 더 많이 나누도록 하거나 기억에 대한 더 많은 정보를 물어볼 수 있습니다. 이때, 상담자는 내담자가 현재 겪고 있는 문제와 그에 대한 근본적인 원인이 될 수 있는 것을 연결해 봅니다.

만약 내담자가 기억하지 못하거나 어떤 실마리도 찾지 못한다면, 내담자가 느끼는 불안의 근본 원인이 어디에서 기인한 것으로 생각하는지에 대해 상담자는 더 많은 질문을 할 수 있습니다. "언제부터 불안감을 느끼기 시작했나요? 불안감이 얼마나 심한가요? 당신은 언제 가장 불안한가요?" 등의 질문을 할 수 있습니다.

이 시점에서 대부분 사람은 자신의 현재 문제를 과거와 연결 지을 수 있습니다. 그것은 보통 어린 시절이나 트라우마와 관련이 있지만, 어떤 경우에 불안이나 우울증과 같은 문제들은 내담자가 기억할 수 있는 어떤 것에서도 그 원인을 찾지 못할 수도 있습니다. 그런 경우라면, "당신은 줄곧 불안감을 많이 겪어 왔나요?" 또는 "당신의 가족 중 누군가 불안감을 유난히 많이 겪는 사람이 있습니까?"와 같은 질문을 하는 것이 좋습니다. 내담자들은 "네, 제가 기억할 수 있는 한 저는 늘 불안함을 많이 느껴왔습니다." 혹은 "제 엄마도 불안의 문제를 가지셨어요."와 같은 대답을 할 수 있습니다.

만약 내담자가 심각하게 겪고 있는 어떤 문제가 어린 시절 혹은 과거의 상처로 인한 트라우마 때문이라면, 여러분은 이렇게 기도할 수 있습니다: "주님, 제니가 5살 정도였을 때로 돌아갈 수 있도록 도와주세요. 부모님이 싸웠을 때를 기억할 수 있도록 도와주세요." 그녀가 이미 공유한 내용을 바탕으로, 그녀가 어린 소녀였을 때 그 상황에서 어떤 감정을 느꼈는지 물어볼 수 있습니다. 그녀는 무섭고 불안했다고 말할 수 있습니다. 내담자가 더 많이 기억하고 구체적으로 기억할수록, 그녀는 과거와 더 많이 연결될 수 있고, 그녀의 인지에만 머무는 것이 아니라 더 깊고 감정적인 영역으로까지 진정한 치유를 경험할 수 있습니다.

우리는 예수님을 이 기억 속으로 초대할 수 있습니다: "주여, 그때 주님이 어디에 계셨고 무엇을 하고 계셨는지 제니가 보게 해 주시겠어요?" 내담자에게 예수님을 보거나 느끼는지 물어봅니다. 그들은 예수님이 방 안에 계신 것을 보고, 예수님이 나를 안고 계신다고 말할 수도 있고, 때로는 "예수님은 보이지 않지만, 그때 주님께서 이웃을 보내 주셔서 나를 돕게 했던 것이 생각났다"고 말할 수도 있습니다.

"주님, 주님이 그곳에 계셨다는 것을 제니가 새롭게 알고, 이 기억을 다시 마주할 수 있도록 도와주세요." 그다음 내담자에게 묻습니다. "예수님이 그곳에 계셨다는 것을 알고 나니 기분이 어때요? 당신에게 도움이 필요할 때 주님께서 누구를 보내주셨나요?" 그러면 내담자는 보통 사건을 다른 관점으로 보게 되고 더 이상 두려움이나 불안을 느끼지 않을 수 있습니다.

4. 회개의 기도

"이제 당신이 혼자가 아니었다는 것을 보게 됐고, 예수님도 거기에 함께 계셨으니, 당신이 하나님께 말씀 드리고 싶은 것이나, 회개하고 싶은 것이 있습니까?"라고 물을 수 있습니다. 내담자는 부모나 하나님이 그 일이 일어나도록 했다고 판단하고 비난했을 수 있고, 오랜 분노와 용서치 못하는 마음을 품어왔을 수 있습니다. 내담자들은 또한 "부모님이 항상 싸우고 불행했기 때문에 나는 절대 결혼하지 않을 거야" 또는 "나는 절대 엄마처럼 되지 않을 거야"와 같은 판단이나 내적 맹세를 해 왔던 것을 회개할 수 있습니다. 하나님께서 주시는 용서와 자유를 경험하기 위해서는 이러한 것들이 해결되어야 합니다.

내담자는 "주님, 주님이 그곳에 계셨고 제가 혼자가 아니었던 것을 볼 수 있게 해 주셔서 감사합니다." 또는 "제가 도움이 필요할 때 돕는 손길을 보내 주셔서 감사합니다." 혹은 "제가 그동안 부모님을 미워하고 하나님을 정죄한 것을 용서해 주시고, 나 자신에 대해 판단을 내리고 '나는 절대 어머니처럼 되지 않을 거야'와 같은 말을 한 것을 용서해 주세요"라고 기도할 수 있습니다.

5. 단절의 기도

내담자가 과거의 상처로 돌아가서 자신이 현재 겪고 있는 문제와 근본 원인을 연결했으니, 이제 우리는 어떠한 견고한 진이라도 무너지기를 기도할 수 있습니다. 내담자는 이렇게 기도할 수 있습니다: "주님, 저는 불안하고 두려웠습니다. 용서치 못하게 하는 영과 판단의 쓴 뿌리를 마음과 생각에 두는 것을 제가 허락했기 때문이라는 것을 깨달았습니다. 저의 죄를 용서해 주셔서 감사합니다. 이제는 제게 주신 권세로, 불안의 영과 판단의 쓴 뿌리, 내적 맹세와 증오, 분노의 영에게 예수님의 이름으로 명령하노니, 내 안에서 나와서 예수님의 발밑으로 떠나갈지어다." 내담자는 언제든 이 기도를 간단하게 혹은 다른 말로 바꿔서 기도할 수 있고, 이 시점에서 내담자가 예수님께서 주신 권세를 가지고, 예수님의 이름으로, 자신에게 감정적 고통을 야기한 마귀의 영향력을 몰아내는 것입니다. 만약 내담자가 단절의 기도를 해 본 적이 없다면, 상담자가 그를 위해 기도해 줄 수 있습니다.

6. 새롭게 됨의 기도

단절의 기도까지 끝내면, 내담자가 하나님께 감사와 재헌신의 기도를 드리게 하고, 상담자는 기도로 내담자를 축복합니다: "주님, 제니를 자유롭게 해 주셔서 감사합니다. 이제는 제니에게, 걱정의 영 대신 평화와 용기의 영을 주시기를 구합니다. 판단의 쓴 뿌리 대신 용서와 겸손을, 증오와 분노 대신 사랑과 평화를 주시옵소서."

7. 마침 기도

"주님, 주님께서 계시하시고 말씀하신 것들을, 대적의

어떤 보복에서도 지켜 주시기를 기도합니다. 주님께서
우리를 보호로 덮어 주시기를 기도합니다. 감사합니다,
아버지. 사랑합니다, 아버지. 존귀하신 예수님의 이름으로
기도합니다."

V. 내적 치유의 신학적 기초

내적 치유가 어떻게 작용하는지 이해하기 위해, 인간 역동에서 역사하는 하나님, 마귀, 인간성 및 영적 원리들에 대한 기독교 신앙의 신학적 이해를 갖는 것이 중요합니다. 이 장에서는 풀러 신학교의 찰스 크래프트 박사(CK)가 설명한 신학적 원리를 사용하고자 하며, 내적 치유에 대한 제 자신의 통찰과 그 의미를 추가하여 설명할 것입니다.

세상에는 악이 존재한다

a. 우리 자신의 죄든 다른 사람의 죄든, 세상의 죄는 우리가 가진 문제의 대부분을 차지한다.(CK)

죄의 존재에 대한 인식에서, 아픔과 고통이라는 인간

문제에 대한 세속적 관점과 기독교적 관점 사이에 차이가 존재합니다. 세속적인 상담과 일부 기독교 상담에서, 특히 임상을 기반으로 둔 상담이라면, 죄의 개념은 행동 문제나 병리학적인 개념과 진단으로 대체됩니다. 세속적인 상담을 경시하고자 하는 의도가 전혀 아니지만, 죄의 측면과 인간의 영적 상태를 간과한다면, 그 사람의 완전한 치유와 갱신에는 한계가 있는 것입니다. 오늘날 많은 젊은이가 정서적 웰빙을 추구하는 과정의 일부로 상담을 찾습니다. 그러나, 죄의 문제, 그리고 죄에 대한 책임을 하나님의 용서와 구원의 빛 안에서 다루지 않는다면, 우리의 가장 깊은 곳에 존재하는 속사람은 변화되지 않고, 우리 자신의 인지적 맥락에서만 바뀔 수 있을 뿐입니다.

b. 인간을 죄로 이끄는 유혹의 배후에 있는 존재가 바로 사탄이다. 사탄은 참소하는 자이며 다음과 같은 방식으로 활동한다: 참소하고 자책하는 생각을 우리 마음에 넣고, 우리에게, 또 우리 자신에 대해 거짓말을 하고, 감정과 생각

속에서 유혹하고 공격하며, 우리의 죄나 약점을 찾기 위해 채로 치듯 면밀히 살핀다.(눅22:31)(CK)

"마귀가 나를 이렇게 만들었다"고 말하면서, 모든 것을 마귀의 탓으로 돌리고 싶지는 않습니다. 그러나, 우리 삶의 문제 영역을 살펴볼 때, 특별히 어떤 문제가 심각하고, 또 지속 시간도 길고 자주 반복된다면, "원수의 지문" 같은 그들의 활동이 있다는 것을 인식해야 합니다.

c. 하나님은 두 존재, 천사(사탄과 그의 부하들 포함)와 인간에게 '자유 의지'를 주셨고, 하나님은 우리가 자유 의지를 가지고 사탄의 유혹에 굴복하거나 하나님의 뜻에 순종하도록 허락하신다. 하나님은 사람들이 나쁜 일 하는 것을 허락하시기 때문에, 이 세상에 고통이 있을 수밖에 없다. 하나님께서는 그러한 고통 자체를 없애 주시지는 않지만, 우리가 죄로부터 상처받는 것은 원치 않으신다. 둘 사이에는 차이가 있다.(CK)

우리가 시험에 빠지는 것이 결코 하나님의 뜻이 아니지만, 하나님께서는 시험을 예고하십니다. 고통은 우리를 더 나은 사람으로 만들거나, 아니면 쓴 뿌리를 가진 사람으로 만들 수 있습니다(better or bitter). 본질적으로 우리에게 선택의 자유가 주어졌으나 고통이 하나님의 선하신 뜻을 혼란스럽게 만들 때가 있는 것은 사실입니다. 이것이 우리의 선택을 뒤죽박죽으로 만들어, 사람들에 대해, 궁극적으로는 하나님을 향해 비통한 마음과 비난하는 태도를 갖게 되는, 사탄의 유혹에 빠지게 할 수 있음을 성경은 분명히 하고 있습니다.

피해를 입었던 많은 사람은 과거 자신에게 선택의 자유가 없었다고 느끼고 무력감과 절망감을 느낍니다. 내적 치유 상담에서는 듣는 기도를 통해, 내담자가 하나님의 계시를 가진 관점에서 자신의 과거를 볼 수 있는 자리로 갈 수 있도록 상담자가 인도해 줄 수 있습니다. 이 과정은 내담자들에게 고통스러운 과거의 기억에 갇혀 살기보다, 용서와 이해를 선택할 수 있는 자유를 줍니다.

d. 부모나 다른 사람의 선택은 그것이 악하더라도 우리에게 영향을 준다.(CK)

　죄는, 죄를 지은 당사자뿐 아니라 그 주변 사람들까지도 더럽힌다는 것이 불공평해 보입니다. 예수님은 바리새인들의 죄를 누룩으로 비유하셨는데, 누룩은 퍼지고 부풀리는 작용을 합니다. 우리에게 있어서, 죄나 트라우마가 시작되는 시점은 대개 어린 시절입니다. 우리의 현재 상태를 과거와 연결하는 것이 중요한 까닭입니다. 예를 들어, 두려움 때문이거나 혹은 대처 방법 가운데 하나로서 사소한 거짓말이 시작될 수 있지만, 이것은 우리의 행동, 궁극적으로는 우리의 성격에까지 깊이 뿌리를 내릴 수 있는 문제입니다. 과거로 되돌아감으로써, 우리는 문제의 근본 원인, 또는 문제 영역의 시작점을 다루게 되는데, 그것은 우리 자신의 행동에서 비롯되었을 수도 있고 다른 사람의 죄 때문일 수도 있습니다. 우리의 문제를 단순히 인지 또는 사고 영역의 기억에만 연결하는 것보다 감정 영역의 기억과 연결하는 것이, 내적 치유에 있어 항상 더 효과적입니다.

e. 세상 제도, 통치자들, 사탄의 공격과 우리의 죄된 본성이
   존재하며, 우리는 모든 사람들과 마찬가지로 이 세상에
   살고 있는 한, 이것들의 지배 아래 있게 된다. 하나님의
   나라와 사탄의 나라에는 영적인 원칙들이 작동하고 있다.
   그것들은 서로 관련이 있다.(CK)

저는 영적 전쟁과 내적 치유에 대한 내용으로 9장
전체를 추가했습니다. '사후의 삶'에 대한 다큐멘터리가
있었는데, 임사 체험을 한 사람들은 물론 강령술과 환생을
추구하는 자들, 귀신을 믿는 사람들에 이르기까지 그들의
증언과 경험을 탐색한 내용이었습니다. 이 비기독교적
다큐멘터리만 보더라도, 저는 거룩함과 악함 사이에 큰
차이가 있음을 확신합니다.

초자연적인 것을 알고자 하는 인간 공통의 갈망이
있습니다. 대학가에, 특히 한국에서 타로 카드 점집이
폭발적으로 증가하고 있으며, 천사에 대한 믿음이 번성하고

또한 전문 영매가 되기 위한 강령술 대학교도 있는 것을 보게 됩니다. 미래에 대한 불안으로부터 안도감을 갖고 싶어 하는 사람들이 타로 점집을 찾아가 미래에 대해 듣는 것이 쉽습니다. 자신이 사랑했던 사람이 죽었을 경우, 그에게서 어떤 싸인을 구하며 애도 과정을 돕는다고 하는 강령회에 가는 것도 쉬운 일이 되었습니다. 그러나 이러한 손쉬운 위안의 과정이 자신의 존재 속으로 불경스럽고 악한 영들을 자의적으로 초대하는 것이라는 것을 깨닫지는 못합니다.

치유하기 원하시는 하나님

a. 예수님은 사람들, 특히 억압받는 사람들을 치유하는 것을 기뻐하셨다. 그분은 병에 걸렸거나 마귀에 사로잡힌 사람에 대해, 누구도 비난하거나 정죄하지 않으셨다. 이와 같이 우리도 이미 상처 입은 사람들을 또 한 번 비난하거나 정죄하는 데 빨라서는 안 된다. 우리도 예수님처럼 그들을 있는 그대로 받아들이며 만나야 한다.(CK)

   이것은 교회에서 제자 훈련의 과정을 진행할 때, 우리가 먼저 배워야 할 것들 중 하나입니다. 우리가 진리라고 여기는 것을 가르치고 그들을 바로잡기 전에, 우리도 먼저 예수님께서 하셨던 것처럼, 그들의 마음과 상처를 부드럽게 보살펴야 합니다. 우리는 교회에서 사람들을 돕겠다는 의도로, 자기가 도우려는 사람의 상태는 고려하지 않은 상태에서, 지적하고 판단하는 말로 상대를 오히려 짓밟고 깊은 상처를 주는 것을 얼마나 많이 보아 왔나요? 성경의 욥기에서, 욥의 친구들이 틀린 말을 해서 잘못한 것이 아니라, 욥이 고난을 겪고 있는 것을 빌미 삼아 욥을 정죄하며, 하나님을 노엽게 할 만한 일을 한 것이 틀림 없다고 욥을 판단한 것이 잘못한 것이었습니다. 하나님도 욥을 비난하지도 정죄하지도 않으셨음에도 불구하고, 그들은 욥을 비난하고 정죄하기에 바빴습니다.

성격 심리학에서 말하는 인간 본성의 근본적인 오류 중 하나는 다음과 같습니다. "내가 실수를 하면, 그것은 예측할 수 없는 상황의 외적 요인 때문이지만, 다른 사람이 실수를 하면 우리는 그 사람의 내적 요인과 그 사람의 성격 때문이라고 생각한다."

b. 예수님은 죄인들을 대하실 때, 마치 그들이 감당하기에는 너무 큰 힘에 의해 포위된 사람들처럼 하셨다. 하나님은 용납과 용서, 정죄 없는 사랑으로 그들을 구원하신다.(롬 8:1; 요 3:17) (CK)

이것은 하나님께서 사람들의 죄에 대한 책임을 다루지 않으셨다는 말이 아닙니다. 현장에서 간음하다 잡혀 온 여인에게 예수님께서는 "너를 정죄하는 자가 없으니 가서 다시는 죄를 범하지 말라"고 말씀하셨고, 사마리아 여인에게는 "가서 네 남편을 데려오라"고 하셨습니다. "나는 남편이 없습니다"라고 사마리아 여인이 대답하자, 예수님은 그녀에게 "너에게 남편 다섯이 있었고 지금 살고 있는 사람도 너의 남편이 아니다"라고 솔직하게 말씀하십니다.

그러나 예수님은, 그녀의 거짓말을 폭로하기 전에 먼저 "네가 남편이 없다고 하는 말이 옳도다."라고 말씀하십니다. 예수님은 그녀를 거짓말쟁이라고 정죄하지 않으시고 상처받고 수치스러워하는 사람으로 대하셨습니다. 주님은 온유하십니다.

내적 치유 기도를 할 때면, 자녀들을 향한 하나님의 사랑 앞에 저는 다시 한번 겸손해지고 경외심을 갖게 됩니다. 우리가 함께 기도하며 하나님께서 임재해 주시기를 구하고, 내담자를 향한 주님의 마음을 보여 주시기를 구할 때, 내담자의 죄와 깨어짐의 심각성과는 별개로, 하나님은 언제나 그분의 사랑과 용납을 알게 하십니다. 우리를 진정한 회개로 이끄는 것은 변함없으신 하나님의 깊은 사랑입니다.

c. 주님의 치유의 능력에 대해서는 의심의 여지가 없지만 주님은 스스로 제한을 두셨다: 사탄과 인간에게 자유 의지를 허용하기로 정하신 것, 주님께서 우리를 도우시도록

스스로 기꺼이 의지하는 마음, 내적 요소나 집착하고 있는 것들을 다루는 우리의 능력 등이 우리가 행하는 치유에 영향을 미친다.(CK)

철학자이자 신학자인 쇠렌 키르케고르는 인간이 속는 데 두 가지 종류가 있다고 표현했는데, "거짓말을 믿거나, 혹은 진실을 믿지 않기로 결심하는 것"이라고 말했습니다. 내적 치유를 받는 사람들 중 일부가 자유를 선택해야 하는 마지막 단계에서, 사실은 스스로가 진실을 믿고 싶어 하지 않거나, 그렇지 않으면 자신이 집착하고 있는 것들을 포기하고 싶어 하지 않는다는 것을 저도 발견했습니다. 치료 과정은 그들이 내려놓을 준비가 될 때까지 치료 과정은 중단되거나 지연됩니다. 그러나 우리 하나님은 오래 참으시는 분이십니다. 우리 중 일부는 특정한 애착을 버리는 데 오랜 시간이 걸리기도 합니다.

d. 주님은 치유하실 때도 있고 때로 그렇게 하지 않으실 때도 있다. 주님은 보통 우리가 알 수 없는 어떤 목적을 위해

치유하지 않으실 수 있다. 그분은 선한 것을 이루시기 위해 기꺼이 나쁜 것도 사용하신다. 주님이 정하신 때가 아닐 수도 있다. 주님은 부분적인 치유나 점진적인 치유를 주실 수도 있다.(CK)

내적 치유 과정을 다 거쳤다고 해도, 어떤 사람은 치유되고 또 어떤 사람은 치유되지 않는 이유에 대해, 솔직히 말하자면, 우리가 온전히 아는 때가 올 때까지는 그 누구도 만족스러운 대답을 얻을 수 없다고 생각합니다. 고린도전서 13장 12절에 주신 말씀처럼, 지금은 우리가 부분적으로 알고 부분적으로만 보기 때문입니다. 그러나 하나님께서 특별한 은혜를 각 자녀에게 골고루 나눠 주시는 것은 확실합니다. 신체적인 치유의 은사를 받은 사람도 있고 정서적인 치유의 은사를 받은 사람도 있습니다. 그리고 믿음의 분위기 속에서 사람들은 치유를 경험합니다. 내적 치유 사역에서는 성 삼위 하나님을 초대함으로써 치유의 분위기를 조성하여, 많은 사람이 초자연적인 치유를 경험하고, 과거의 상처와 속박된 영역으로부터의 해방감을 느끼기에 이릅니다..

믿는 자의 권세: 그리스도 안에서 우리는 누구인가?

a. 예수님은 모든 그리스도인에게 당신의 권세를 물려 주셨다. 주님은 불화에 대해 말씀하셨고, 성령을 보내실 것이며 우리는 주님이 하신 것보다 더 많은 일을 할 것이라고 말씀하셨다. 우리는 최고의 지상명령을 성취할 것이다.(CK)

모든 믿는 자는 하나님의 아들과 딸이며 상속자로서, 하나님께서 주신 권세를 가지고 있습니다. 하지만 '칭의'처럼 우리 모두에게 주어졌으나 모든 그리스도인이 이 권세를 가지고 사는 것은 아니며, 그리스도인이라고 해서 모두 성화 되어 가는 것도 아닙니다. 육체를 가진 인간으로서 꾸준한 연습과 의지적인 결단이 필요한 과정이 바로 성화이기 때문입니다. 성경은 우리가 상속자라고 말하는데, 자녀이기도 한 상속자가 자신이 가진 권세를 모른다면, 그는 상속자도 자녀도 아닌, 종과 다를 바 없습니다.

크래프트 박사는 "신자가 소유한 놀라운 권세"에서 부자

아버지의 신용카드를 가진 아들을 예로 들고 있습니다. 아들인 여러분은 부자가 아닐 수도 있지만, 부자 아버지의 신용카드를 사용할 수 있는 권한이 있는 한, 여러분은 아버지와 같은 권한을 가지고 있습니다. 예수님을 통해 아버지께서 주신 권세를 가지고 있음을 우리가 인식할 뿐만 아니라, 내주하시는 성령님을 통해 '예수님의 이름'으로 이 권세를 사용할 때, 예수님께서 "성령이 너희에게 임하시면 너희가 나보다 더 많은 일을 할 것"이라고 말씀하신 것을 진정으로 이해하게 됩니다. 특별히 치유 사역으로 부름 받는 사람도 있지만, 모든 믿는 자에게 예수님의 이름으로 병든 자를 치유하고 마귀를 내쫓을 수 있는 이 권세를 주셨다고 저는 믿습니다.

b. 우리는 이제 적에 대해 더 많은 지식을 갖게 되었고, 사탄이 어떻게 일하는지 밝혀진 것 같다.(CK)

그리스도 안에서 우리가 가진 권세를 이해하기

시작하면, 원수나 악한 영에 맞서는 방식을 과거의 퇴마나 축사의 방식과 다르게 하여 그들과 대적할 수 있습니다. 할리우드 영화는 악을 지나치게 극적으로 묘사하고 있는데, 한 예로 영화 〈스타워즈〉에서처럼 선과 악이 동등한 수준의 힘을 가지고 있는 것처럼 보이게 합니다. 악의 진정한 힘은 우리의 무지와 무관심 속에서 가장 잘 발현합니다. 축사 기도에서 내적 치유 사역자가 예수님의 권세를 사용할 때, 그 중점은 결코 겉으로 나타나는 현상에 있지 않고, 악에 대한 하나님의 진리와 견줄 자 없는 주님의 능력에 있습니다. 모든 축사 기도 시간에 원수들이 그 시간을 통제함으로써 우리가 가진 권세를 시험하려 하지만, 우리가 가진 권세에 대한 바른 인식이 그들을 무력하게 만들고 진압한다는 것을 저는 발견했습니다.

c. 그리스도 안에서 우리의 위치는 다음과 같다: 우리는 왕의 자녀이고, 대적과 마귀의 영역 위에 있다는 것, 하나님께서 원수 마귀를 바로 우리의 발로 밟아 파쇄하기로

선택하셨다는 사실이다.(롬 16:20) (CK)

우리가 어떠한 존재로 창조되었는지, 우리 삶의 목적이 무엇인지, 그리고 이 땅에서 우리가 어떤 삶을 살아가야 하는 지 이해하는데 있어서, 우리가 가진 영적 위치의 질서를 이해하는 것이 무엇보다 중요하다고 저는 생각합니다. 그리고 이것을 아는 것이, 우리가 내적 치유와 축사 사역을 할 때 특히 중요합니다. 이러한 이해 없이는 마귀를 쫓아내고, 내담자 안에서 영향력을 발휘하는 원수의 세력이 끊어짐을 선포하는, 예수님께서 주시는 권세를 결코 받을 수 없을 것입니다. 이 권세는 하나님의 자녀인 우리에게 주어진 것이고, 성령님께서 우리 위에 임하시고 우리 안에 살고 계시며, 능력으로 우리에게 역사하시는 증거이자, 실현인 것입니다.

d. 하나님과 나 자신 그리고, 타인과의 관계: 우리는 마음과 영혼과 힘을 다하여 하나님을 사랑하고, 우리 자신을

사랑하는 것처럼 다른 사람을 사랑하라는 명령을 받았다. 우리 자신을 사랑하는 것은 좋은 것이다. 우리는 하나님의 형상대로 만들어졌기 때문에 하나님께서 만드신 모든 피조물 중에서 가장 큰 선물을 받았다. 이러한 맥락에서, 우리는 우리의 정신, 몸, 감정, 의지, 그리고 영혼을 사랑하는 법을 배워야 한다. 성령께서 진리로 우리를 가르쳐 주지 않으면, 우리의 능력과 힘으로는 사랑을 시작할 수도 없다. 관계는 예수님께서 우리에게 가르쳐 주신 것의 중심 주제이다. 예수님은 요한복음 17장 20~26절에서 자신과 아버지가 하나인 것처럼 우리 모두 하나가 되기를 바라신다고 말씀하셨다.(CK)

내적 치유 사역자가 가지는 가장 큰 선물과 특권 중 하나는 예수님이 우리를 얼마나 사랑하시는지를 바로 눈앞에서 볼 수 있다는 것입니다. 너무나 끔찍하고 부끄러운 과거라 할지라도 주님의 사랑과 용납이 삼켜 버립니다. 나는 내적 치유 상담에서 이것을 볼 때 항상 경외심을 느낍니다. 주님께서는, 우리가 받을 만한 것보다 훨씬 더 큰 용서와 사랑을 주십니다. 그리고 이러한 사랑을 목도함으로, 내적 치유 사역자로서, 우리 모두를 향한 주님의 마음을 알 수 있고, 이를 통해 주님께서 이전보다 매번 훨씬 더 많은 은혜와 긍휼과 사랑의 마음을 부어 주시기에, 이를 통해 다른 사람들도 더 잘 섬기는 법을 배울 수 있게 됩니다. 내담자를 향하신 하나님의 마음을 우리도 함께 들여다볼 수 있게 되고, 이 친밀한 시간을 통해 성 삼위 하나님과 하나가 될 수 있는 영광의 자리에 초대받는 것입니다.

VI. 성경적 근거

한편, 내적 치유 사역에 대한 신학적 이해를 갖는 것이 중요한 만큼 성경적 근거도 필요합니다. 왜냐하면 오늘날 우리가 교회에서 실천하는 많은 일들과 마찬가지로 내적 치유라는 단어도 성경에서 직접적으로 찾아볼 수 없기 때문입니다. 하지만 예수님의 사역, 특히 정서적으로 상처 입은 사람들에게 베푸셨던 사역들에서 내적 치유의 원리를 찾아볼 수 있습니다. 이 같은 성경적인 예는 요한복음 21장에 나오는 부활하신 예수님과 베드로의 이야기에서도 찾아볼 수 있습니다.

- 베드로의 이야기

베드로는 제자들 사이에서도 지도자였고, 열정적이지만 또한 충동적인 사람이었습니다. 가끔 예수님께 질책받는 말도 했지만, 예수님께서는 베드로를 인정하셨고 심지어 주님의 교회를 세울 터(반석: 베드로)로 임명하기도 하셨습니다. 그러나 십자가형을 당하시기 전에 예수님이 예언하신 대로, 베드로는 세 번이나 예수님을 부인함으로써 완전히 실패했습니다. 예수님이 부활하신 후에, 베드로는 자신이 예수님께 용서받았음을 깨달았을 것입니다. 그러나 자신이 저지른 배신행위와 예수님의 제자로서의 자신의 지위에 대한 불확실성, 적어도 이 두 가지 감정과 행동에 대한 죄책감은 여전히 남아 있었을 것이라고 우리가 추측할 수 있습니다.

참혹한 실수를 저지른 충격적인 사건 이후에는, 우리 중 누구라도 그러하듯이, 그것이 적절하고도 확실하게 마무리될 때까지는, 용서받음이나 끝맺음에 대한 불확실함이 마음속에 깊이 남아 있을 수 있습니다. 요한복음 21장에서 부활하신 예수님께서 베드로를 특별히 다루신 일은, 베드로의 정서적 치유와 회복이라는 특정한 목적을 위해 행하신 일이었다고 저는 믿습니다.

첫째, 베드로의 마음속에 죄와 사탄의 유혹에 약한 이유가 있다는 것을 인정해야 했습니다: 베드로는 마음속으로는, 예수님의 사역을 통해 인간적이고 자기 중심적인 입장에서의 이득을 얻고자 추구했기 때문에, 예수님이 왜 죽어야 하는지 이해할 수 없었습니다. 자신이 생각하기에 예수님의 죽음의 결과로는, 인간적인 논리로는 그 어떤 이득도 가져올 수 없었기 때문입니다.

마태복음 16장 22절에서 "베드로가 예수를 붙들고 항변하여 이르되 주여 그리 마옵소서. 이 일이 결코 주께 미치지 아니하리이다."고 성경이 말하고 있습니다. 예수님께서는 베드로의 마음속에 죄에 넘어지기 쉬운 원인이 있음을 이미 아셨기 때문에, 베드로에게 23절에서 이렇게 또 말씀하십니다. "예수께서 돌이키시며 베드로에게 이르시되 사탄아 내 뒤로 물러 가라. 너는 나를 넘어지게 하는자로다. 네가 하나님의 일을 생각하지 아니하고 도리어 사람의 일을 생각하는도다." 베드로는 겟세마네 동산에서 예수님을 위해 용감하게 싸웠으나 예수님께서 붙잡히시자, 멀찍이 따라와서 사건의 결말을 보고자 하였습니다. 그러나 결국 예수님이 체포당하시고 공회 앞에 서는 것을 보고는, 그동안 믿고 의지해 왔던 자신의 세계가 통째로 무너졌다고 생각하게 됩니다. 극도로 실망하고 두려웠던 베드로는 믿음이 흔들린 나머지, 결국에는 모닥불 옆에서 예수님을 세 번이나 부인하고 말았습니다. 죄책감과 실망으로 인해 이후 베드로는 큰 혼란에 빠집니다.

둘째, 대적의 영이 예수님의 십자가 사건에 개입했음을 우리가 알 수 있습니다: 예수님의 십자가의 죽음 때문에 제자들이 엄청나게 비참해 지고 충격에 빠지자, 사탄은 이 감정적 위기를 틈타 제자들을 넘어뜨리려 했습니다. 그러나,

예수님께서는, 베드로가 사탄의 시험에 걸려 넘어지지 않기를 기도하셨습니다.

- 예수님은 베드로를 치유하고 회복하시기 위해 다음의 세 가지를 사용하셨다.

1. 고기잡이(요 21: 4-6, 눅 5:4-6)

요한복음 21장 4~6절 "날이 새어갈 때에 예수께서 바닷가에 서셨으나 제자들이 예수이신 줄 알지 못하는지라. 예수께서 이르시되 얘들아 너희에게 고기가 있느냐 대답하되 없나이다. 이르시되 그물을 배 오른편에 던지라 그리하면 잡으리라 하시니 이에 던졌더니 물고기가 많아 그물을 들 수 없더라."

누가복음 5:4-6, 8, 10b: "예수께서 말씀을 마치시고 시몬에게 이르시되 깊은 데로 가서 그물을 내려 고기를 잡으라. 시몬이 대답하여 이르되 선생님 우리가 밤이 새도록 수고하였으되 잡은 것이 없지마는 말씀에 의지하여 내가 그물을 내리리이다 하고 그렇게 하니 고기를 잡은 것이 심히 많아 그물이 찢어지는지라."

"시몬 베드로가 이를 보고 예수의 무릎 아래에 엎드려 이르되 주여 나를 떠나소서 나는 죄인이로소이다 하니"

"예수께서 시몬에게 이르시되 무서워하지 말라 이제 후로는 네가 사람을 취하리라 하시니."

두 성경 구절을 비교해 보겠습니다: 베드로에게 물고기를 많이 잡게 하심으로써 예수님은 베드로가 처음으로 사람을 낚는 어부로 부름받던 날의 아름다운 기억을 떠올리도록 돕고 계셨습니다.

2. 숯불(요 21:9, 눅22: 54-57)

요한복음 21:9 "육지에 올라보니 숯불이 있는데 그 위에 생선이 놓였고 떡도 있더라."

누가복음 22:54-57 "예수를 잡아 끌고 대제사장의 집으로 들어갈새 베드로가 멀찍이 따라가니라. 사람들이 뜰 가운데 불을 피우고 함께 앉았는지라 베드로도 그 가운데 앉았더니, 한 여종이 베드로의 불빛을 향하여 앉은 것을 보고 주목하여 이르되 이 사람도 그와 함께 있었느니라 하니, 베드로가 부인하여 이르되 이 여자여 내가 그를 알지 못하노라 하더라."

베드로가 예수님을 불 옆에서 마지막으로 본 것은 예수님을 부인할 때였습니다. 예수님은 베드로를 배신이 일어난 시간과 장소로 데려오고 계셨습니다. 깊은 상처와 수치심이 있는 그 곳 말입니다.

3. 세 번의 부인과 세 번의 확인(요 21:15-17, 눅 22: 54-62)

요한복음 21:15-17 그들이 아침을 먹은 뒤에, 예수께서 시몬 베드로에게 물으셨습니다. "요한의 아들 시몬아, 네가 이 사람들보다 나를 더 사랑하느냐?"

베드로가 대답하였습니다. "주님, 그렇습니다. 내가 주님을 사랑하는 줄을 주님께서 아십니다." 예수께서 베드로에게 말씀하셨습니다. "내 어린 양을 먹여라." 예수께서 두 번째 베드로에게 물으셨습니다. "요한의 아들 시몬아, 네가 나를 사랑하느냐?" 베드로가 대답하였습니다. "주님, 그렇습니다. 내가 주님을 사랑하는 줄 주님께서 아십니다." 예수께서 베드로에게 말씀하셨습니다. "내 양을 쳐라." 예수께서 세 번째로 물으셨습니다. "요한의 아들 시몬아, 네가 나를 사랑하느냐?" 그때에 베드로는, 예수께서 "네가 나를 사랑하느냐?" 하고 세 번이나 물으시므로, 근심하면서 "주님, 주님께서는 모든 것을 아십니다. 그러므로 내가 주님을 사랑하는 줄을 주님께서 아십니다."라고 대답하였습니다. 예수께서 말씀하셨습니다. "내 양을 먹여라."

누가복음 22:61-62 "주께서 돌이켜 베드로를 보시니 베드로가 주의 말씀 곧 오늘 닭 울기 전에 네가 세 번 나를 부인하리라 하심이 생각나서 밖에 나가서 심히 통곡하니라."

예수님은 베드로에게 "네가 나를 사랑하느냐?"라고 세 번 물으셨습니다. 예수님의 세 번의 질문은 베드로가 예수님을 세 번 부인했던 사건을 간접적으로 기억하게 만들었습니다. 예수님은 베드로에게 회개할 기회를 주셨을 뿐 아니라 주님을 향한 베드로의 사랑을 재확인해 주셨습니다. 또한 베드로를 미래에 자기 백성의 목자이자 사도로 부르심을 다시 확인하는 기회를 주시고자 이렇게 하셨습니다.

결론

예수님은 과거와 현재를 연결하는 '고기잡이'와 '모닥불', '세 가지 질문'을 통해 치유를 위한 분위기와 상황을 만드셨습니다. 이 상황은, 이와 관련이 있는 베드로가 과거에 행했던 좋은 일과 나쁜 일 모두를 연관 지을 수 있도록 기회를 주기 위해 예수님의 계획하에 있었던 일이었고, 무작위로 또는 우연히 벌어진 일이 아니었습니다. 베드로는 정서적 혼란을 치유받기 위해 과거의 기억으로 돌아가야 했습니다. 베드로가 기본적인 부분뿐 아니라 정서적으로도 더 완전한 용서와 치유를 받을 수 있도록 예수님께서 직접 인도하고 계셨습니다.

이것이 가장 진정한 내적 치유의 형태입니다. 우리가 주님께 귀를 기울이고 기도할 때 성령님은 우리의 모호하고 혼란스러운 문제를 이해할 수 있도록 도와주십니다. 주님께서는 우리가 문제를 부인하거나 혹은 문제가 무엇인지도 모른 채 살지 않고, 그것을 해결할 수 있도록 이해력을 주십니다. 예수님의 의도적이고 개별적인 사랑의 치유를 통해 베드로의 감정은 치유되었고, 주님과의 관계와 베드로가 받은 소명은 회복되었습니다. 베드로는 무서운 죄책감의 속박에서 풀려난 것입니다.

VII. 심리학적 이해와 내적 치유

하나님이 누구이신지 이해하고, 우리가 믿는 바에 대한 건전하고 확고한 신학적 근거를 갖는 것이 중요한 만큼, 나 자신을 이해하고 개인과 인간성에 대한 일반적인 자기 인식을 갖는 것도 중요합니다. 이를 통해 '마음과 뜻과 정성을 다하여 하나님을 사랑하고 이웃을 자신처럼 사랑하라'는 큰 계명을 진정으로 실천할 수 있기 때문입니다. 그렇습니다. 다른 사람들을 사랑할 수 있기 전에 나 자신을 어떻게 사랑하고 용납해야 하는지를 먼저 알아야 합니다. 물론 하나님은 당신의 자녀들에게 지혜를 주십니다. 우리는 주님의 말씀에 대해 배우고 그 말씀대로 살기 위해 노력할 때 더 큰 깨달음과 이해력을 갖게 됩니다. 그래서 제가 상담하는 내담자들 가운데 특히 기독교인의 경우, 그들이 하나님과 지속적으로 관계를 맺고 있을 때, 그들이 직면하고 있는 고통과 문제가 무엇이든, 주님께 치유받을 수 있는 가능성이 더 큰 크다는 사실은 절대 놀랍지 않은 것입니다.

그렇다면 애초에 기독교인들이 왜 상담받아야 하는지 질문할 수도 있습니다. 제가 이 질문에 대답을 드리자면, 아픔과 고통, 그리고 죄가 우리 삶의 일부인 이 땅 가운데, 우리가 육신을 가진 인간으로 살고 있기 때문이라고 말하고 싶습니다. 하나님께서 우리에게 진리와 능력을 주시지만, 우리는 세상의 제도와 정권, 영향력을 벗어나서 살아갈 수는 없습니다. 그러나 이 세상을 결코 나 혼자 걸어가는 것이 아니라, 하나님께서 성령님을 우리에게 보내 주셔서, 사람들끼리 서로 사랑하며 도움을 주고 받으며 살도록 우리 가운데 공동체를 주셨습니다. 실제로, 성령님은 상담자라고 불리시며, 성령님께서는 우리 또한 다른 사람을 상담해 주며 함께 있어 줄 수 있도록 하시는데, 우리 가운데 누군가 상처 입고 치유가 필요할 때 특별히 도우십니다.

이러한 내적 치유를 효과적으로 하기 위해서, 상담자는 기본적인 상담 기술과 지식을 갖추는 것이 중요하다고 생각합니다. 이 부분에 도움을 드리고자, 기본적인 상담 규약에 필요한 부분을 부록E에 포함시켰습니다.

래리 크렙의 존재감과 안정감

인간의 동기를 설명하는데 도움이 되는 래리 크렙 박사의 성경적 상담 접근 방식이 있습니다. 그가 정리한 개념은 다음과 같습니다: 인간의 가장 기본적인 욕구는 자기 가치감과 전인격적인 자기 수용입니다. 자기 가치감에 이르는 두 가지 주요 경로는 자신이 의미있는 존재로 여겨지는 것(Significance 목적, 중요성, 적절성, 의미, 영향)과 안전하다는 느낌(Security 끊임없이 표현된 무조건적인 사랑; 영구적인 수용)을 받는 것입니다.

처음에는 하나님께서 인간에게 부여하신 속성이었지만, 인간이 죄를 짓고 타락한 후에는 욕구가 되었다고 크랩 박사는 말합니다. 아담과 하와가 죄를 지었을 때, 아담은 하나님으로부터 거절당할까 봐 두려워서 숨었습니다. 그들은 하나님께서 자기들을 어떻게 대하실까 걱정이 되어, 스스로 두렵고 불안했습니다. 아담은 그때 자기에 대한 자신감이 없어지고, 스스로 무의미한 존재라는 느낌이 들었으며, 이 감정들과 씨름했습니다.

인간은, 자신이 의미 있는 존재라는 느낌을 받지 못하고, 안전에 대한 기본적인 욕구조차 위협을 받으면, 자신이 무의미하게 느껴지는 생각과 불안감으로부터 자신을 방어하고 싶어 합니다. 나름대로 해결 방법을 생각하게 되는데, 이런 경우에 거의 대부분의 사람이, '에라, 모르겠다.' 식의 무책임한 삶을 추구하게 됩니다. 이처럼 잘못된 삶의 방식은 잘못된 삶의 철학에서 비롯된다고 크랩 박사는 말합니다.

또한 자신에 대해 스스로 나쁘게 느끼지 않으려고 방어 기제를 사용하게 되는데, 숨거나, 회피하거나, 도망칠 방법을 찾는 등의 증상이 나온다고 말합니다. 이러한 방어 기제와 증상은 자신에게 정서적 고통을 유발하지만, 차라리 이렇게라도 하는 것이 자신의 무가치함을 인정하는 것보다는 덜 고통스럽다고 스스로 믿습니다. 그러나, 주님께서 사람을 창조하신 형상대로 자유로워지고 온전해지기 위해서는, 자신을 의미 없는 존재로 느끼거나, 불안한 감정이 들게 만드는 자기 안의 잘못된 근거를 바로잡아 주어야만 하는데, 이때 필요한 감정과 생각이 바로, 진정한 자기 가치감과 안정감입니다.

크랩 박사는 말합니다. "만일 내가 용납은 모르고 책임만 이해한다면, 인정받기 위해 잘해야 한다는 압박감 속에서 살게 된다. 반대로 용납됨은 알지만 책임은 모른다면 죄 많은 삶을 살면서도 쉽게 무감각해질 수 있다. 만일 내가 용납됨을 먼저 이해하고 나서 나의 책임도 이해한다면, 나를 창조하시고 나를 위해 돌아가신 분을 기쁘게 해 드리려고 노력할 것이다. 그분을 슬프게 하고 싶지 않고 슬프게 할까 두려운데, 왜냐하면 내가 그분을 사랑하기 때문이다."

부정적인 감정이라고 해서 모두 죄는 아닙니다. 죄가 아닌 부정적인 감정을 강하게 토로했던 대표적인 인물이 바로 사도 바울입니다. 부록 A에 수록된 죄와 연결된 부정적인 감정과 죄와 관련이 없는 부정적인 감정의 목록을 확인해 보기 바랍니다.

전인적 기독교 상담 프레임워크 (CWF)

죄와 악의 존재뿐만 아니라 사람의 영적 측면을 부정하는 상담 기법은 불완전합니다. 그와 마찬가지로, 신학과 심리학에 대한 기본적인 지식이 없이 내적 치유와 같은 기도 사역을 하게 되면 위험할 수 있는데, 과도하게 영적인 면만 강조하게 되거나 최악의 상황에는 영적 학대를 초래할 수도 있기 때문입니다. 내적 치유 사역을 할 때, 저는 전인적 기독교 상담 프레임워크(Christian Wholeness Framework: CWF)를 사용합니다. 이것은 한 개인의 영혼, 마음, 사고, 신체, 사회적 환경, 그리고 하나님과의 관계를 설명할 수 있는 효과적인 도표들 뿐 아니라 비밀 유지와 안전 수칙, 공감 기술과 같은 실재적인 내용을 포함합니다. 우리가 더 나은 지식을 갖출수록 우리의 능력은 더 향상되어 더 나은 내적 치유 사역자가 될 것이라고 믿습니다.

존 월로우 박사는 호주의 아동/청소년 정신과 의사이자 리빙홀니스(Living Wholeness Ministry)의 설립자입니다. 그는 기독교 상담에 대한 인간 전체론적 접근을 기반으로 하여, 전인적 기독교 상담 프레임워크(CWF)를 개발했습니다. 이 상담 기법은 무언가를 지을 수 있는 지지 구조물과 같습니다. 리빙홀니스의 대표인 데이비드와 수잔 니클스는 "CWF는 성경적인 토대와 심리학적인 벽, 그리고 안전성이라는 지붕을 가지고 있다. 이것은 CUREE라는 5단계로 구성되는데: 연결(Connecting), 이해(Understanding),

반응(Responding), 참여(Engaging), 평가(Evaluating)라는 다섯 단계와 다섯 가지의 핵심 도형이 사용된다. 삼각형, 피라미드, 사각형, 십자가, 내부에 다섯 개의 층으로 이루어진 원 등이 그것이다(변화의 원, 수잔 니클스)." 라고 말했습니다.

CWF가 적용하기 쉽도록 탄탄한 상담 기반을 제공하기 때문에, 그 안에서 내적 치유가 잘 이루어진다는 것을 저는 발견했습니다. CWF는 포괄적이며, 인간 본성의 영적 측면을 그 중심에 분명하게 두고 있습니다. 또한 성경을 기반하여, 내적 치유에 대해 더욱 밀접하게 검증하고 이를 적용하며, 내담자와 하나님과 더 깊은 친밀감을 장려합니다.

• **사례: CWF를 사용한 쉐일라의 내적 치유 이야기**

쉐일라는 과거에 영적이면서 감정적인 문제를 해결하는 데 도움이 되도록 내적 치유를 받았지만, 저에게 내적 치유 상담을 다시 받으러 왔을 때는, 현실 대처를 위한 항우울제가 필요할 정도로 이미 심각한 우울증을 겪고 있었습니다. 그녀가 직면하고 있는 문제들은 한둘이 아닐 정도였습니다. 그녀가 처한 환경, 인간관계, 우울증을 비롯한 신체적 건강의 붕괴, 그리고 우울증 약물로 인한 부작용 등 매우 복합적인 것들로 드러나 보였습니다. 저는 쉐일라를 위해 기도하는 가운데, 그녀의 삶에 전반적인 정비가 필요하다고 생각되었습니다. 그래서 CWF의 도형 중 하나인 원을 그녀의 치유 사례에 사용했습니다. 저는 그녀를 위해 포괄적인 내적 치유 접근을 시작했는데, 치유하기까지 총 2달이 소요되었습니다. CWF의 원은 인간의 모든 측면을 나타내는데, 영혼, 마음, 정신, 신체, 그리고 사회적 환경까지도 포함합니다. 우리는 기도하면서 먼저 영적인 측면의 원을 다루었는데, 그녀와 하나님과의 관계 속에서 쉐일라가 주목해야 하는 것이 무엇인지 먼저 하나님께 여쭈었습니다. 하나님께서는 쉐일라가 더 깊이 이해할 수 있도록 계시적인 비전과 생각을 우리에게 주셨습니다. 그리고 나서 우리는 사랑, 진실, 중심, 통제, 대처, 그리고 갈등의 여섯 부분으로 구성된 마음의 영역으로 이동했습니다. 우리는 다시 이 영역들을 하나하나 살펴보면서, 주님께서 말씀해 주시기를 간구했습니다. 우리는 정신, 신체, 사회적 관계의 영역들을 계속해서 살펴보았습니다. 그때마다 주님께서 더 깊은 진실과 문제 영역들에 대해 말씀해 주시며, 쉐일라가 현재 직면하고 있는 문제들과 이 영역들을 연결할 수 있도록 도우셨습니다. CWF는 그녀가 겪고 있는 것들에 대해 통합적인 이해를 돕는 골격으로 사용됐습니다.

이렇듯 심리학과 내적 치유가 잘 통합될 때, 그것은 사람을 전인적으로 보살피는 강력하고 더욱 포괄적인 도구가 될 수 있습니다. 그리고 쉐일라의 경우처럼 내담자가 현재 복합적이고 다면적인 문제를 겪고 있을 때, 상담자가 CWF를 이해하고 사용할 수 있는 것이 내적 치유에 매우 도움이 됩니다. 또한 내적 치유 상담은 상담 센터가 아닌 교회처럼 비형식적인 환경에서 이루어지는 경우가 많기 때문에, 목회자나 교회 지도자들도 CWF 내용 가운데 평신도 상담에서 기초 교육이라도 받아 둔다면, 성도들 사이의 건강한 경계선 만들기와 적극적 경청, 공감 기술 등을 갖추는 데 많은 도움을 받을 수 있을 것입니다. 상담자가 CWF를 통한 내담자와의 연결과 내담자 이해의 두 기초적인 단계를 잘 연습하면, 전문가 수준의 상담 교육까지 받지 못하더라도, 내담자의 내적 치유 과정에 많은 도움을 줄 수 있을 것입니다.

VIII. 내적 치유에서의 감정 표현

일차적 감정과 이차적 감정

한 사람의 내면의 감정이 밖으로 드러나는 과정은 생각보다 많이 복잡하다는 것을 우리가 이해하는 것이 중요합니다. 감정은 있는 그대로 표현되기가 더 어렵습니다. 예를 들어, 자신이 해낸 일을 거절당할 것이 두려운 사람은 도리어 분노를 표출할 수 있는데, 이렇게 한다면, 자신이 잘해 내지 못해 거절당할 수 있는 상황을 모면할 수 있기 때문입니다. 하지만 또 다른 사람은 같은 감정을 가지고도, 오히려 강한 수치심이나 불안감을 표현하고 심지어는 우울증에 빠질 수도 있습니다. 거절당하면 누구나 상처를 받을 수 있는데, 이것은 일차적인 감정 반응입니다. 하지만, 어떤 사람은 화를 내고 어떤 사람은 수치심과 불안감을 느끼는데, 이것은 이차적인 감정에 해당합니다. 즉, 일차적인 감정은 어떤 사건에 대한 첫 반응이고, 이차적인 감정은 일차적인 감정에 대해 자신이 다시 한번 어떻게 감정적으로 반응하는지, 또는 그것에 대해 어떻게 느끼는지가 나타나는 것입니다.

내적 치유에서 일차, 이차 감정을 아는 것이 중요한 이유는, 일차 감정은 외부 사건에 대한 직접적인 감정이며 시간이 지나면 결국 약해지지만, 이차 감정의 경우에는 계속 남아있거나 심지어 강도가 심해질 수 있고, 시간이 흐를수록 더욱 모호하고 복잡해질 수 있기 때문입니다.

일차적 감정은 주로 분노, 두려움, 상처, 슬픔, 수치심 등이고, 이차 감정은 불안, 짜증, 절망, 우울, 공격성, 공허감, 화가 될 수 있습니다.

우리 사회에서 남성들은 슬픔이나 수치심과 같은,

사회적으로 약한 감정으로 여겨지는 감정들을 경험할 때, 오히려 분노로 표출하는 경향이 있습니다. 반대로 여성들은 분노를 경험할 때 슬픔이나 죄책감으로 표출하는 경향이 있습니다. 어떤 사건에 대한 여러분 자신이나 다른 누군가의 감정적 반응을 이해할 수 없거나, 그 반응이 완전히 균형을 잃고 표현되었다고 여겨질 때, 그것은 종종 어떤 반응을 은폐하려는 이차 감정의 신호입니다.

이차적 감정 대부분이 자신에게 도움이 되지 않는 이유는, 그것들이 여러분이 진정으로 느끼는 감정을 은폐하고, 여러분의 필요에 대해 오히려 혼란을 주는 신호를 외부로 보내기 때문입니다. 예를 들어, 만약 여러분에게 슬픈 마음이 들고 다른 사람의 지지와 친밀감이 필요한 상황인데, 이차적인 감정인 분노를 내보내게 되면, 다른 사람들에게 나를 내버려 두고, 내게서 떨어져 있으라고 말하는 꼴이 되고, 따라서 그들과 거리를 두게 됩니다. 이것은 여러분의 진심과 필요에 대해 오히려 반대되는 결과를 초래한 이차적

검정의 가장 흔한 예 중 하나로 볼 수 있습니다.

일차적 감정 표현

다음 사례들은 제가 수년간 사역한 사례들 가운데, 문제 영역을 감정적으로 표현했던 사례 중 일부입니다. 내적 치유를 통해 우리는 이러한 감정이 표현되는 그 근본 원인까지 추적할 수 있습니다.

- 분노

폴 샌포드는 그의 책 "속사람의 변화"에서 "거짓된 분노는 다른 사람에 대한 사랑에서 태어난 것이 아니다. 그것은 자신의 방식대로 하고자 하는 욕망, 그것을 위한 도구로써 태어난다."라고 쓰고 있습니다.

분노는 증오, 격노, 복수, 폭력, 관계 단절, 공격성, 반항으로 나타날 수도 있습니다.

에베소서 4:26-27을 통해, 주님께서는 우리에게

"분을 내어도 죄를 짓지 말며 해가 지도록 분을 품지 말고, 마귀에게 틈을 주지 말라."고 말씀하십니다.

분노는 가혹한 말이나 심한 정죄로 나타날 수 있는데, 어떤 경우 당신이 그것을 보면서 자랐거나 직접 경험했다면, 자해나 자기 학대, 또는 다른 사람을 학대하는 것으로 나타날 수 있습니다. 용서하지 않는 마음, 원한, 쓴 뿌리, 격노, 복수, 폭력, 반항, 저주, 논쟁은 분노의 표현일 수 있습니다.

- 사례

JK는 아프가니스탄 사람들을 섬기는 데 열정적이고, 유능한 선교사지만 약점을 갖고 있습니다. 그는 쉽게 화를 내고, 이로 인해 주위 사람들은 그를 두려워합니다. 왜냐하면 그는 하나님의 일을 위한 인정 많은 사람에서 욱하는 분노의 사람으로 한순간에 변하기 때문입니다.

TP는 고아원에서 자라면서 부당함과 감정적 학대를

많이 견뎌야 했습니다. 이것은 그에게 분노를 유발하고 많은 상처를 주었지만, 이러한 감정들을 표현하는 것이 어린 TP에게 허락되지 않았기 때문에, 그는 그런 감정들을 통제한 척, 괜찮은 척 해왔습니다. 그러나 나이가 들어가면서 화가 날 때면, 오히려 수동적 공격 성향인 복수로 바꾸어서 표현함으로, 화나게 만든 사람에게 그가 화났다는 것을 확실히 느끼도록 합니다.

HS는 이혼하고 가족을 떠난 아버지에 대해 깊은 증오심을 가지고 있습니다. 그는 아버지를 용서하려고 노력했지만, 내면 깊은 곳에는 여전히 아버지에 대한 분노와 증오가 피어오르고 있었고, 그 증오는 반항적인 태도가 되어, 권위자를 믿지 못하는 것으로 변했습니다. 이런 태도가 직장에서의 관계에까지 영향을 미쳐, 그는 결국 직장을 계속 다니는 데 어려움을 겪었습니다.

어머니인 TR은 전에는 깨닫지 못했으나, 자녀를 낳은 후 자신이 피곤하거나 불안할 때면 때때로 자녀들에게 가혹한 말과 태도를 보인다는 것을 발견했습니다. 그녀는 어렸을 때 종종 어머니에게 맞으면서 자신은 나중에 아이들을 때리지 말아야지 생각했지만, 자신이 어머니가 되자, 어머니와 같은 분노의 감정들이 때때로 표출된다고 느꼈습니다.

MH는 대체로 남편과 잘 지내고 있다고 생각했지만, 실망감 때문에 남편을 향한 내적인 불만과 불신이 깊으며 남편에게 쉽게 짜증을 내고 화를 냈습니다.

· 두려움

두려움은 많은 얼굴을 가지고 있습니다. 불안, 걱정, 회피, 부동 상태, 무력감, 공포증으로 이어질 수 있고, 지나친 통제, 경쟁심, 성과 중심, 완벽주의, 타인에 대한 불신, 강박증으로 이어질 수도 있습니다. 또한 실패나 성공에 대한 두려움, 포기, 자신을 항상 부족하다고 느끼는 것으로 나타날 수도 있습니다.

- 사례

TP는 자신이 타인에게 사랑받거나 용납받기에 부족한 존재라는 두려움을 가지고 있었습니다. 그녀는 하나님과 사람 모두에게서 이렇게 느꼈고, 그래서 모든 관계에서 항상 불만족스럽고 불안했습니다.

PW는 성공에 대한 두려움이 있습니다. 사람들의 인정을 받거나 성공에 가까워질 때마다, 그는 갑자기 목표에 흥미를 잃거나, 성공으로 향해가던 진행을 멈추든가 아예 그 일을 망쳐버릴 이유를 만듭니다. 이것은 그에게 평생 반복되어 왔는데, 그가 성공에 대해 두려운 감정이 있었기 때문입니다. 궁극적으로는 그의 내면에 자리 잡은, 거절당하는 것에 대한 두려움이 외부로 강하게 표출됐기 때문입니다.

ES는 그녀의 환경, 가족, 웰빙에 대해 끊임없이 걱정했는데, 매일 두려움에 이끌린 의사결정을 하곤 했습니다. 이러한 불안감은 그녀의 전반적인 삶의 방식을 크게 제한했습니다.

SR은 어릴 때 겪었던 트라우마로 인해 합리적이지 못한 공포증이 생겼는데, 이것 때문에 정상적인 삶을 살지 못하고 있었습니다. 어두운 곳이 무서워서 밤에 불을 끄고 편안히 잠드는 것을 하지 못했고, 항상 누군가가 그녀와 함께 있어 주어야 할 정도로, 혼자 있는 상황을 두려워했습니다.

KP는 거절당하는 것에 대한 두려움을 갖고 있었는데, 이 때문에 자신이 어떤 대가를 치르더라도 평화를 선택할 수밖에 없었습니다. 따라서 불필요하게 누군가와 타협하거나, 혹은 자신이 많은 희생을 치름으로써, 스스로 짐을 많이 져 왔습니다. .

JF는 인간관계를 포함하여 자신과 관계된 모든 것을 항상 자신의 통제 속에 두려고 하였는데, 이것은 바로 자신 속의 두려움을 표출하는 또 다른 방법이었습니다. 그는 지속적으로 사람들을 감시하고, 그들의 말과 행동을 조정하려 들었기 때문에 그를 사랑하는 주변 사람들을 오히려 힘들게 했습니다.

RW는 불안감 때문에 사재기하는 문제가 있었는데, 나중에는 더 많은 것에 대한 탐욕과 지속적인 욕망으로 발전했습니다.

TS는 시작한 일을 끝낼 수 없을 것 같고 이런 식으로 자신의 삶이 계속해서 지연되는 것처럼 보여 좌절스러워했습니다. 그는 매사에 의욕이 없고 자주 아팠으며, 어려운 일을 감당하는 것을 피하고자 미루거나, 다른 사람이 대신 해 주리라 생각하거나, 혹은 그 일이 저절로 해결될 것이라고 여기는 자신을 발견하곤 했습니다.

KF는 스트레스를 잘 받고, 일이 잘 풀릴 때조차도 끊임없이 걱정하고 불안해했기 때문에, 정작 걱정해야 하는 일을 겪지 않을 때도 충분히 편안한 적이 없었습니다.

• **상처와 슬픔**

대부분의 사람은 거절감과 억울함으로 인한 상처로 힘들어합니다. 많은 경우, 이것은 어린 시절의 경험에서 비롯된 것입니다.

상처가 겉으로 분명하게 드러나는 사람은 말이나 행동에 의해 쉽게 상처받을 수 있습니다. 거절이나 유기당한 아픔 혹은 억울하고 보복하고 싶은 마음, 정죄하고 비난하고 싶은 느낌들, 주위 사람들과 단절되었다는 느낌과 도피하고 싶은 마음, 자기중심적인 마음 혹은 자기의 의로움, 때로는 수동적인 공격 성향으로 인한 고통 들이 자신을 괴롭힙니다. 이들은 사랑받지 못한다고 느끼거나 소외감을 느낄 수도 있습니다. 사랑하는 사람이 죽었을 때 그 사람을 애도하는 데 정상적인 범위를 넘어 비정상적으로 지속되는 슬픔도 여기에 해당합니다. 그들은 끊임없이 슬픈 마음 상태를 경험할 수도 있습니다.

• 사례

JR은 피해 의식을 가지고 있습니다. 타인과의 관계에서, 자신은 잘못이 없는데 항상 다른 사람이 잘못했고, 누군가 항상 자기를 해치려 한다고 생각합니다. 이런 경우 자기가 희생되었다고 느끼며, 상대방이 이기적인 사람이거나 틀린 말과 행동을 한 것이고, 자신의 언행은 늘 정당하다고 여깁니다. 따라서 항상 정당한 자신이 타인에게 매번 억울한 일을 당하는 것으로 생각합니다.

SJ는 쉽게, 그리고 자주 상처받습니다. 어떤 방식으로든 자신이 상처받았다고 느끼면 SJ는 즉시로 불합리하고 유치해지기 때문에, 이를 아는 주변 사람들은 SJ의 기분을 상하게 하지 않도록 매우 조심스럽게 행동해야 했습니다. 이런 식으로 그녀는 자신이 원하는 방식으로 다른 사람들을 감정적으로 조종할 수 있었습니다. SJ는 고집이 세고 독선적일 수 있습니다.

SN에게 비정상적으로 지속된 애도는, 어린 나이에 아버지가 돌아가시면서 시작되었습니다. 우리가 통상적으로 생각하는 정상적인 애도 기간이 지난 후에도, SN은 항상 슬프고 비탄에 잠겨 보였습니다.

JJ는 심각할 정도로 자주 몽상에 빠지는 문제를 가지고 있었습니다. 상처받았거나 불쾌한 상황을 만나면, 여기에서 벗어나기 위해 혼자만의 상상의 세계로 들어갔습니다. JJ는 창의적이고 상상력이 풍부했기 때문에, 자신의 필요에 따라 즉시 현실과 다른 세상을 창조함으로써 스스로 감정에 대처하는 능력을 키웠습니다. 하지만 이런 상황이 자주 반복된 것은, JJ가 현실에 완전히 집중하지 못한 채, 현실적 문제들을 직시하고 해결하지 못하는 결과를 낳게 되었습니다.

• 수치심

자신이 가치가 없는 사람이라고 스스로 인식하게 되었거나, 혹은 어떤 상황에서 자신이 있어야 할 자리가 아니라고 생각되는 경우 소외감과 두려움으로 인해, 이러한 수치심이 발생할 수 있습니다. 수치심이 든 상황에서, 우리는 두려움을 감추기 위해 사람이나 상황을 회피하거나 소심해 지기도 하고, 자신의 감정을 감추고, 해야 할 말이나 행동을 미루고, 당혹감을 느끼며 자기 비하를 하게 될 수도 있습니다. 나에게 수치심을 느끼게 했다고 생각하는 사람과 관례를 끊거나, 일과 상황과 관계를 포기하기도 하며, 좋지 않은 보상에도 움직일 수 있게 되기도 합니다. 때로 외면적으로는 강한 자존심으로 드러날 수도 있습니다.

- 사례

KE의 부모님은 KE에 대해 기대를 많이 하였고, 성과 지향적이었습니다. KE가 명문대에 합격했음에도 불구하고, 그의 부모님이 바라던 대학은 아니었습니다. 부모님과 자기 자신의 기대를 만족시키지 못한 것에 대해 심한 고통과 수치심을 느꼈던 KE는 결국 이 상황을 끝내고자 자살을 생각했습니다.

JO는 수치심을 많이 느꼈기 때문에 사람들 앞에 서게 되는 상황을 늘 피하고 싶었습니다. 이로 따라, JO는 사람들

앞에서 발표해야 할 업무에 대해 잘 수행할 수 없었고, 승진할 기회 또한 자꾸 미루어졌습니다. JO는 스스로 자질이 부족하다고 느꼈고, 사람들도 자기를 무시할 것이라고 생각했습니다. 그러나, 이 사실 또한 드러내고 싶지 않았기 때문에 가능한 오랫동안 숨기고 피하다가, 결국 JO는 신경쇠약에 걸리고 말았습니다.

LB가 자신에 대해 갖고 있던 신체의 이미지는 자신의 마음에 들지 않았습니다. LB는 모든 것에 너무나 자신감이 없었기 때문에 어떤 일도 시도하지 못하게 되었고, 결국에는 자신에게 주어진 삶을 제대로 살아내지 못할 정도가 되었습니다. LB는 거의 모든 일에서 실패를 너무 많이 경험하게 되었고, 결과를 모면하기 위해 항상 변명거리를 찾을 수밖에 없었습니다.

BK는 어떤 일로 인해 가족에게 실망감을 준 적이 있었는데, 이것으로 인해 자신이 죄인이라고 느꼈습니다. BK는 부끄러웠고 자신은 벌을 받아야 할 사람이라고 생각했습니다. 그러고는 자기 비하의 굴레를 스스로 만들어 자신을 가두고, 매일 술을 마시고 사람들을 피했습니다. 심지어 가족까지 피했는데, 자신이 가족에게 용서받을 자격이 없다고 생각하고, 따라서 행복한 삶을 살 자격이 없다고 느꼈기 때문이었습니다.

AL은 깊은 두려움과 수치심을 느끼고 있었습니다. 이로 따라 강박적으로 거짓말을 하고, 문제를 늘 과장하는 버릇을 가지고 있었습니다. 게다가 가끔은 자기 생각과 실제 사실을 혼동하기도 했는데, 결국 다른 사람들이 AL을 믿지 못하게 되었고, 자신조차도 스스로 신뢰를 주지 못하는 상태에 이르게 되었습니다. AL은 자신과의 관계에서뿐만 아니라 타인과의 관계에서도 스트레스를 받게 되었습니다.

NL은 두려움을 많이 느꼈습니다. 이것은 자존심이 강한 것처럼 보이기도 하고, NL 자신이 남들보다 더 잘해야 한다고 느끼는 우월의식의 태도로 보이기도 했습니다. NL과 같은 사람들은 자기중심적이고 자기애적인 성격을 갖고 있어서 타인의 필요나 감정에는 무감각한 것이 특징인데, 이는 자기 자신의 필요가 항상 먼저이기 때문입니다. 사실은 마음속 깊은 곳에서부터 올라오는 두려움과 수치심을 다른 사람이 눈치챌까 봐 감추고 싶었는데, 이런 마음조차도 다른 사람에게 들킬 것이 걱정되었기 때문에, 다른 사람들보다 자기가 더 적절하고 낫다는 거만한 기분을 느끼는 것이 자신에게 필요했던 것입니다.

• **결론**

이러한 감정적인 문제들은 내담자가 이미 인식하고 그동안 스스로 처리해 온 것일 수도 있고, 내적 치유 과정을 시작한 후에 새로 알게 된 것들일 수도 있습니다. 이에 더 깊이 들어가다 보면, 이러한 감정적인 표현들이 과거의 트라우마나 어린 시절의 상처, 또는 더 먼 과거의 태아 시절, 혹은 가족의 세대를 잇는 성향이나 반복과 같은 근본적인 원인으로 이어지는 것을 볼 수 있습니다.

IX. 근본 원인의 주요 영역

지난 장에서, 드러나는 감정에는 그 원인이 되는 일차적 감정이 있다고 이야기한 것처럼, 이 장에서는 내적 치유를 하는 데 있어 문제가 되는 영역에 대해, 근본적 원인일 가능성이 있는 것들을 살펴보려고 합니다. 판단의 쓴 뿌리, 잘못된 내적 맹세, 트라우마, 그리고 쏘울 타이(혼적인 묶임) 등입니다. 우리가 알 수 없는 근본적인 원인들도 있는데, 그것들은 드러나는 현상이나 가족의 특성, 반복되는 패턴, 그리고 성령의 조명에 의해서만 발견될 수 있습니다. 이것들은 내담자의 태아기 경험이나 조상으로부터 내려온 가계적 죄악의 영역입니다.

하나님은 우리가 판단하는 것을 싫어하십니다.
예수님께서 마태복음 7:1~2를 통해 말씀하셨습니다.
"비판을 받지 아니하려거든 비판하지 말라. 너희가 비판하는
그 비판으로 너희가 비판을 받을 것이요 너희가 헤아리는 그
헤아림으로 너희가 헤아림을 받을 것이니라." 우리가 다른
사람을 판단할 때 우리 자신에게 적용되는 처벌의 법칙이
있는데, 같은 판단으로 우리도 판단 받는다는 것입니다.
우리가 그것을 대수롭지 않게 생각할 수 있고 심지어
다른 사람들을 무심코 판단할 수도 있지만, 이러한 판단은
우리에게 돌아올 수 있습니다. 이와 비슷하게 심리학에서도
인간 행동의 근본적인 오류 중 하나에 대해 말하고 있는데,
우리가 실수할 때에 "어젯밤 술을 너무 많이 마셔서 회의에
늦었습니다" 와 같은 외부적 요인을 이유로 들지만, 다른
사람들이 실수하는 경우 "OO은 무책임하므로 항상 늦는다."

와 같이, 현상을 상대방의 내적 요인이나 인격의 문제로 돌리고 비판한다는 것입니다. 즉, 우리는 스스로에 대해서는 변명하는 경향이 있지만, 다른 사람들에 대해서는 그들의 인격을 판단하는 경향이 있습니다.

특별히 우리가 어렸을 때 우리 내면에 알게 모르게 형성된 판단처럼, 더 깊고 깨기 어려운 판단이 있습니다. 이러한 판단 기준으로 인해, 우리는 우리 자신 또는 부모님에 대해 그런 판단을 만들 수 있고, 나중에는 남편이나 아내, 그리고 다른 사람들에게 일반화해 버릴 수 있는 위험이 있습니다. 이것과 관련해, 제 어린 시절의 부모님과의 관계에 대해 형제자매들과 이야기를 나누던 때가 기억납니다. 형제자매 다섯 명이 부모님에 대해 완전히 다른 판단을 하고 있다는 것을 알고 당시에 무척 놀랐습니다. 우리 중 일부는 부모님이 아주 훌륭한 부모였다고 생각했고, 일부는 부모님으로부터 사랑받지 못했다고 느꼈기에 트라우마와도 같은 나쁜 기억을 두고 있었습니다. 놀랍지 않은가요? 우리는 모두 같은 부모님을 가지고 있었는데 말입니다. 이 사건을 통해, 어린 시절의 기억에 대해서는, 같은 일이더라도 각자가 어떻게 받아들이고 적용했는지에 따라 서로 다르게 형성될 수 있다는 것을 저도 깨달았습니다.

판단의 쓴 뿌리는 우리가 다른 사람을 판단하는 것이고, 내적 맹세는 우리가 다른 사람들 때문에 받은 상처로 인해 다짐하게 되는 것입니다. 예를 들면, "내 부모님은 이혼하셨다. 결혼은 힘든 것이고, 사랑은 지속되지 않는다. 나도 부모님처럼 될까 봐 걱정된다. (판단의 쓴 뿌리) 그러므로 나는 결혼하지 않을 것이다. (내적 맹세), "남편이 나에게 상처를 줬다. 그는 경건한 사람이 아니다. (판단의 쓴 뿌리) 그래서 나는 다시는 그를 믿지 않을 것이다. (내적 맹세)", "내 아버지는 무능하고 가족을 부양하지 못했기 때문에 아버지가 밉다. (판단의 쓴 뿌리) 나는 절대 아버지처럼 되지 않을 것이다. (내적 맹세)"

- **판단에 관련된 성경 구절**

  히브리서 12:15 "너희는 하나님의 은혜에 이르지 못하는 자가 없도록 하고 또 쓴 뿌리가 나서 괴롭게 하여 많은 사람이 이로 말미암아 더럽게 되지 않게 하며."

  출애굽기 20:12 "네 부모를 공경하라 그리하면 네 하나님 여호와가 네게 준 땅에서 네 생명이 길리라."

  갈라디아서 6:7 "스스로 속이지 말라 하나님은 업신여김을 받지 아니하시나니 사람이 무엇으로 심든지 그대로 거두리라."

  마태복음 7:1-2 "비판을 받지 아니하려거든 비판하지 말라. 너희가 비판하는 그 비판으로 너희가 비판을 받을 것이요 너희가 헤아리는 그 헤아림으로 너희가 헤아림을 받을 것이니라."

  마태복음 6:14 "너희가 사람의 잘못을 용서하면 너희 하늘 아버지께서도 너희 잘못을 용서하시려니와."

존 샌포드는 그의 책 "속사람의 변화"에서, "판단과 내적 맹세는 결심이며, 우리의 속사람에 우리 자신이 바로 보내는 지시이고 명령이기 때문에, 후에는 그 사람의 에너지와 행동을 통제하고 차단한다. 판단과 맹세가 틀을 잡으면, 이것들은 우리의 느낌, 생각, 행동을 붙잡아 그에 따르게 만든다. 내적 맹세는 변화를 거부한다. 우리는 성숙해 가는 동안 자연스럽게, 과거의 유치한 방식과 습관에서 벗어나거나, 회심과 상담을 통해 많은 것에서 자유로워질 수 있지만, 내적 맹세와 쓴 뿌리는 쉽게 우리를 놓아주지 않는다."라고 밝히고 있습니다. 그러므로 하나님께서 우리에게 밝히 보여주셨듯이 판단의 쓴 뿌리와 내적 맹세를 깨뜨리는 데 의지를 강하게 갖춰야 합니다.

- **소말리 이야기: 어린 시절의 상처**

이 책의 앞부분 내적 치유 사례들에서 제가 소말리에 대해 언급한 적이 있음을 기억하실 거라 생각합니다. 소말리는 어릴 적 어머니로부터 받은 상처 때문에 "어머니는 나를 떠났고, 나를 사랑하지 않고 이기적인 사람이야. 엄마가 미워."라는 판단의 쓴 뿌리를 만들었습니다. 이후 소말리가 엄마가 되자, "나는 절대 엄마처럼 되지 않을 것이다"라고 맹세했고, 자신이 한 번도 받지 못했던 방식으로 딸을 사랑할 것이라고 다짐했습니다. 그런데 한 가지 문제가 있었습니다. 자신도 모르는 사이에 시어머니에 대해 지나친 반응을 하게 되고, 시어머니에게 상처받을 때마다 정상적인 화를 넘어 분노하기까지 이르렀습니다. 이런 상태가 되면 소말리는 이성을 잃고, 유치해졌고, 자주 남편 탓을 하면서 그에게 원한을 가졌습니다. 소말리는 또한 집을 나가서 딸과 남편에게 고통을 주곤 했습니다. 어머니에 대한 쓴 뿌리는 자신의 어머니뿐 아니라 시어머니, 새어머니, 그리고 모든 어머니와 같은 존재들을 전반적으로 증오하게 했고, 어머니에게 상처받은 방식 그대로, 자신도 떠나버리는 행동하게 되었습니다. 이것이 잘못임을 깨달은 소말리는 절박함을 느꼈고 내적 치유를 받고 싶었습니다. 어린 시절의 쓴 뿌리는 없애기 어려웠고, 어머니 같은 존재들에 관한 판단으로 어떻게 일반화되었는지를 인정하며 진짜 어머니를 용서하는 데 오랜 시간이 걸렸습니다. 또한 자신이 판단했던 바로 그 사람과 자신이 똑같이 행동하고 있다는 것을 깨달았고, 온 의지와 힘을 다해 이러한 판단의 굴레를 깨뜨려야만 했습니다.

• 로리의 이야기 : 부부 사이의 판단

때로는 부부 사이에 판단의 쓴 뿌리가 만들어지기도 합니다. 서로 간에 반복되는 실망이나 상처 때문에 이 일이 일어날 수 있습니다. 판단을 한 후에는 내적 맹세를 하게 되고, 이 판단의 렌즈를 통해 자기 남편이나 아내를 보기에 이릅니다.

로리와 남편은 직장 주차장에서 크게 다퉜습니다.

로리의 남편은 너무 화가 나서 로리를 그냥 남겨둔 채 차를 타고 혼자 떠나 버렸고 로리는 화가 나고 속상했습니다. 남편이 곧 돌아와서 사과했지만, 그 사건 이후 로리는 남편에 대해, 그녀가 생각했던 경건한 남자가 아니라는 판단을 내리고, "다시는 남편을 믿지 않겠다."라는 내적 맹세를 만들었습니다. 그때부터 남편의 모든 행동은 로리에게 의심을 불러일으켰고, 남편을 전적으로 신뢰할 수 없게 되었습니다. 외부적으로 드러나는 갈등이 없는 상황에서도 로리는 여전히 남편에게 분노와 답답함을 느꼈습니다. 로리는 여전히 남편을 사랑했음에도 불구하고, 계속해서 좌절감이 느껴졌으며, 남편의 모든 의도를 판단하게 되었습니다. 그러던 중, 로리는 자신이 '지금' 어떤 조처를 하지 않으면, 앞으로 자기 부부는 점점 더 멀어지게 되고, 부서진 배 조각이 되어 바다 위를 정처 없이 표류할 것 같다고 생각하게 되었습니다. 로리는 내적 치유 상담을 위해 저를 찾아왔습니다. 로리가 하나님께 먼저 용서를 구했고,

다음으로는 남편에게도 이 사실을 고백하며 그동안 남편을 판단해 온 것의 용서를 빌고 나서야 그동안 그녀의 마음을 조종해 오던 원수의 세력이 깨졌고, 로리도 더는 남편을 판단하지 않는 눈으로 볼 수 있게 되었습니다.

- **찰리와 그의 아버지 이야기 : 자기 정죄와 내적 맹세**

찰리와 아버지 DK에 관해 이야기를 하려고 합니다. 찰리의 아버지는 '남자는 울지 않는다'라고 찰리가 어렸을 적부터 찰리 앞에서 여러 번 말했습니다. 심지어 찰리의 할머니, 곧 자신의 어머니가 돌아가셨을 때도 울지 않았습니다. DK는 한국전쟁 당시 청년이었는데, 공산주의자인 북한군에게 잡혀 전쟁 포로가 되었던 이야기를 하곤 했습니다. DK는 기적적으로 탈출했는데, 그것을 하나님의 은혜라고 여겼습니다. 어느 날, 보초를 서던 경비병을 피해 수용소를 몰래 빠져나갔는데, 마침 해안가에 정박해 있던 배 한 척을 발견했고 한 남자가 배에 타고 있었다고 합니다. 그 남자에게 강 건너 연합군 기지로 데려가 달라고 간청했는데 다행히 부탁을 들어 줘서 연합군 기지로 무사히 도착하여 살아남게 되었다고 말입니다. DK가 살던 마을에서 전쟁에 강제로 끌려 나갔던 많은 젊은이 중, 오직 두 명만이 살아서 고향으로 돌아왔는데, 그중 한 명이 바로 찰리의 아버지, DK였던 것입니다. 전쟁이 지속되었던 기간 늘 죽음을 눈앞에 바라보며 너무나 힘들게 지내왔던 DK는, 그 누구에게도 어떤 약점도 보이면 안 될 상황 가운데, 늘 강인해야 했고 아마도 그렇지 못했다면 벌써 죽었을 것이라는 그의 말은 결코 틀린 말이 아니었습니다.

이후, 어떤 상황에서도 강인해야 하고 절대 약해져서는 안 된다는 이 결심이 DK를 평생에 걸쳐 강한 사람으로 만들었습니다. 더욱이 미국으로 이민 온 후에는 더욱 강한 사람이 될 결심과 행동을 하므로, 먼저는 자신을 세웠고, 나중에는 다른 많은 이민자 가족을 도울 수 있었습니다. 자신은 언제나, 어떤 상황에서든, 무조건

강한 사람이어야 한다는 이런 결심과 판단으로 인해, 다른 사람 그 누구에게도, 심지어는 자기 가족에게조차도 결코 자리 내면조차 보여주지 않도록 이끌었습니다. DK는 가장으로서의 자신이 무엇을 견뎌내고 있는지 가족들과 공유하지 않았고, 결국은 가족들이 그 대가를 비싸게 치러야 했습니다. 찰리는 아버지 DK가 세상을 떠난 후에야 그동안의 빚과 밀린 청구서뿐 아니라, 아버지가 가족에게 일생 감추어왔던 많은 어려움에 대해 알게 되었습니다. DK는 일생 동안 개인으로서, 한 남성으로서 많은 훌륭한 자질과 행동을 보였지만, '남자는 울지 않는다'라는 판단의 쓴 뿌리 때문에 절대 보여주지 않았던, 베일에 감추어진 속사람이 있었고, 가족들과 어려움을 나누지도 못하는 약점이 있었으며, '나는 절대 나약함을 드러내지 않겠다'라는 내적 맹세를 만들었습니다.

DK는 내적 맹세에서 벗어나지 못한 채 이 세상을 떠났지만, 저는 이 이야기를 내적 치유의 예로 공유하고 싶어서 말씀드렸습니다. DK의 이야기는, 너무나 안타깝지만, DK라는 인물 단 한 사람만의 이야기가 아니라, 전쟁과 빈곤, 트라우마를 겪은 우리 부모 세대 전체의 이야기이기 때문입니다. 우리의 부모들은 그토록 어렵고 힘들었던 시대에서, 자신들도 물론 위함이지만, 특별히 우리, 즉, 그들이 사랑한 자녀들을 위해, 살아남고 또한 온전히 온전히 헌신하고 사랑하기 위해 이런 종류의 내적 맹세를 만들어야만 했던 것이고, 그것이 그들 존재의 중심을 차지했던 것입니다. 찰리는 아버지가 돌아가셨는데도 자신이 여전히 아버지를 판단하고 있다는 것을 깨달았습니다. 찰리가 생각한 아버지는 거짓된 삶을 살다 간 사람이었고, 그런 아버지가 평생 가족에게 숨겨두었다가 죽음 후에 이제야 드러난 문제들이, 남은 가족을 어려움에 부닥치게 한 것에 대해 강한 배신감과 분노를 느꼈습니다. 그런데도, 찰리는 아버지가 살아 계실 때는 항상 아버지를 존경하고 사랑했기에, 이 사건으로 인해 아버지를 존경해

왔던 자아와, 아버지와 함께 살아왔던 자신의 소중했던 시간을 잃고 싶지 않아, 제게 찾아와 내적 치유를 받고 싶어 했습니다. 아버지에 대한 이러한 판단을 깨고 싶었던 것입니다. 내적 치유를 받은 후, 찰리는 자신의 쓴 뿌리와 내적 맹세에 대해 알게 되었고, 주님께서 보여 주신 계시를 통해 아버지의 삶과 자신의 문제가 어떻게 연결되어 있는지 배울 수 있었습니다. 이 치유 과정을 통해, 찰리는 아버지를 용서했고, 또한 아버지에 대한 자신의 판단을 주님 앞에 회개했습니다. 앞으로 찰리는 자신의 남은 인생 가운데, 더 이상 아버지에 대해 용서하지 못하는 마음이나 분노의 고통을 안고 살 필요가 없어졌습니다.

• **국가, 성별, 세대를 판단하는 쓴 뿌리**

전쟁이나 압제와 속박, 탄압 때문에 만들어진 오래된 증오 때문에, 한 국가가 다른 국가에 판단하는 쓴 뿌리를 만들 수 있다는 것 또한 우리는 알고 있습니다. 이것 때문에 특별히 한 국가, 한 민족에 대해서 고정 관념이나 편견이 생길 수 있습니다. 일제 강점기를 겪었던 한국의 어른들이, 일본인들에 대해, 국가 대 국가, 민족 대 민족의 관점에서 말하는 것을, 한국인으로서의 제가 수없이 많이 들었음을 기억합니다. 가깝게는 캄보디아와 베트남, 또는 미국에서도 서로 다른 민족들 사이의 편견과 판단에서 오는 갈등을 볼 수 있습니다. 이것은 전 세계적인 양상이라고 볼 수 있습니다. 학교에서의 총기 난사 사건이나 많은 테러 사건도, 개인적 또는 국가적 차원에 존재하는 판단의 쓴 뿌리와 내적 맹세에서 비롯됨을 결코 무시할 수 없습니다. 마찬가지로, 누군가의 존재 자체나 행동을 억압하는 남성, 혹은 여성에 대한 성차별에도 매우 심각한 문제가 있습니다. 한 가족 안에서의 부모와 자녀 간의 의사소통 사이의 갈등과 불통도, 각각 자신의 세대만을 판단의 기준으로 삼는 선입관으로 인한 판단의 쓴 뿌리이며 내적 맹세에서 기인하였기 때문에, 사회적으로도 큰 문제로 확대가 됩니다. 우리가 다른 사람들을 판단하는 말을 하기는 너무나 쉽습니다. 하지만 우리 자신이 누군가의 판단의 말과 행동의 표적이 된다면 그것은 매우 상처가 될 수 있습니다. 저는 우리의 의도뿐만 아니라, 우리가 완전히 이해하지 못하는 사람들과 일들을 판단하고 생각했던 패턴을 진실하게 검토하여, 다윗처럼 주님께 가져와야 한다고 믿습니다. 특히 여러분이 지도자나 영향력이 있는 자리에 있다면, 다윗이 시편 139장 23~24절에서 "하나님이여 나를 살피사 내 마음을 아시며 나를 시험하사 내 뜻을 아옵소서. 내게 무슨 악한 행위가 있나 보시고 나를 영원한 길로 인도하소서." 한 것처럼 말입니다.

- **판단의 쓴 뿌리와 내적 맹세를 위한 기도**

대부분 이러한 쓴 뿌리나 내적 맹세는, 한 사람의 삶에서 타인 또는 자기 자신에게 너무나 큰 고통을 주는 원인이 있는 것이 목격될 때 내적 치유 과정에서 발견될 수 있습니다.

성인으로서의 합리적이고 인지적인 대답은 쓴 뿌리나 내적 맹세를 취소하지 않기 때문에, 그 사람이 상처받고 판단의 쓴 뿌리를 만들었던 어린아이 때의 마음 상태를 드러내 달라고, 기도하는 가운데 성령님께 요청합니다. 일단 발견되면, 주 예수 그리스도의 이름으로 선포하면서 한 번에 하나씩 쓴 뿌리를 단절해 나갈 수 있습니다. 이렇게 하는 것은, 그 사람의 삶에서 그 쓴 뿌리를 끊어내고 원수의 영향력을 파쇄합니다. 자기 행동을 바꾸려는 자신의 선택적 의지가 움직여야 합니다.

내적 맹세의 예로는: 나는 절대로…/나는 끝까지 그에게 복수할 거야/다시는 아무도 나를 상처 주지 못하게 할 거야/나는 절대 여자(또는 남자)를 믿지 않아/다시는 그렇게 부끄러움을 당하지 않을 거야/하나님을 절대 믿지 마/예수님을 절대 가까이해선 안 돼/나는 하나님의 음성을

들을 수 없어/나는 그를 절대 용서하지 않을 거야/나는 부족해/나는 이 일을 절대 할 수 없어/이런 일을 저지른 나 자신을 절대 용서할 수 없어/나는 벌을 받아 마땅해/나는 그럴 자격이 없다 들이 있습니다.

판단의 쓴 뿌리와 내적 맹세를 깨는 기도는 부록 B의 내적 치유 기도를 참고하시길 바랍니다.

트라우마

미국 심리학회(APA)에 따르면, 트라우마는 "사고, 강간 또는 자연재해와 같은 끔찍한 사건에 대한 감정적 반응"으로 정의됩니다. 트라우마는 심리학적 용어로, 트라우마에 대한 기본적인 이해가 있으면 내적 치유 과정에 도움이 됩니다. 트라우마는 크게 세 가지로 나눌 수 있습니다: 급성 트라우마는 단일 사건에 의한 것이고, 만성 트라우마는 가정폭력과 같이 장시간 반복되는 사건의 결과이며, 복합

트라우마는 전쟁이나 자연재해와 같이 다양하고 복합적인 사건에 의한 것을 말합니다.

어떤 트라우마는 이혼, 죽음, 가정이나 학교에서 괴롭힘당한 것, 폭력, 강도, 해고, 강간 또는 성희롱 피해 등이 원인이 될 수 있습니다. 트라우마의 결과로, 유린당한 느낌, 불안감, 두려움, 깊은 슬픔, 거절감, 공포증, 공황 또는 불안 장애, 우울증, 불신, 사랑을 받아들이지 못함, 절망감, 무력감, 용서치 못함, 쓴 뿌리와 분노 등을 느낄 수 있습니다. 트라우마로 인한 증상은 즉각적으로 나타나기도 하지만, 지연되었다가 나중에 나타날 수도 있으며, 감정적인 증상에서 신체적인 증상으로 이어져 수면이나 식사를 할 수 없거나 체중 감소, 극단적이면 보거나 말하는 능력의 상실을 경험할 수도 있습니다.

저는 캄보디아에서 내적 치유 상담자로 사역하면서 트라우마 피해자들의 사례를 많이 보았습니다. 빈곤 가운데 자란 아이들의 트라우마의 예를 들면, 모든 자녀를 먹여 살릴 수 없어 가족들이 뿔뿔이 흩어지고, 주로 한 명 이상의 아이들이 보육원 혹은 노동력을 원하는 친척 집에 보내지게 됩니다. 결혼 생활에든 사회생활에든 불만이 많은 남편이 술을 마시고 아내와 자녀를 학대하는 가정 폭력 사례도 많습니다. 또한 이혼한 여성들의 경우, 남편이 불륜을 저질러도 법으로 규제당하거나 처벌받지 않고, 사회에서도 묵인되는 등 응당한 질책을 받지 않는 사회, 문화적 규범 때문에 고통을 받아 온 경우가 많았습니다. 남편의 배신으로 인한 첫 번째 트라우마와 함께, 아내를 돕지도 지지하지 않고 대체로 남편의 편에 서는 법과 사회, 심지어 가족에 의한 이차 트라우마를 겪습니다.

저는 수년 동안 내적 치유 사역으로 섬기면서 강간이나 성적 학대를 당한 사례를 셀 수 없이 많이 만났습니다. 대부분은 여성인데 대개 어렸을 때 그런 일을 겪었기 때문에 자기에게 무슨 일이 있었던 것인지 그때는 막상 알지 못하다가 너무 늦게 깨닫게 되었으며, 그 문제가 외부적으로든 마음속으로든 깨끗이 해결되고 처리되기 전까지는 평생을 트라우마 속에서 살아야 했습니다.

- 샌디의 이야기 : 어린 시절의 성학대

샌디의 오빠가 그녀에게 접근하기 시작한 것은 샌디가 매우 어렸을 때였습니다. 샌디보다 몇 살 많았던 오빠는 어느 날 호기심에 포르노 잡지를 보기 시작했습니다. 성에 대해 왜곡된 호기심과 욕망을 품게 된 샌디의 오빠는 샌디의 몸을 만지며 섹스를 강요했고, 결국 동생을 강간하고 말았습니다. 샌디는 너무 어렸기 때문에, 오빠가 자신에게 무슨 짓을 하고 있는지 당시에는 알 수 없었는데, 샌디가 이것을 이해할 수 있는 나이가 될 때까지 몇 년 동안이나 더, 샌디는 이 나쁜 일을 겪어야만 했습니다. 이후 샌디는 스스로 저항하여 오빠가 더는 샌디에게 나쁜 행동을 하지 못하도록 거절했고 결국 멈추게 했습니다. 샌디는 수년 동안이나 그런 일을 겪었지만, 당시에는 무슨 일이 일어나고 있는지 완전히 이해하지 못했고, 그녀가 성장해 가며 그것을 이해하기 시작했을 때, 감정적인 영역에서 받았던 상처들뿐만 아니라 신체적으로 받은 상처들도 심각한 문제로 드러나게 되었습니다. 샌디는 자살하고 싶었고, 그녀를 보호해 주지 않은 부모님과 오빠를 향한 분노는 물론, 여성으로서 자신에 대한 수치심과 혼란스러운 감정이 있었습니다. 샌디는 예수님을 인격적으로 만난 후에 오빠와 부모님을 용서했고, 큰 안도감을 가지며 대부분 영역에서 새로운 삶을 살기 시작했습니다. 그런데도,한 가지 영역에 대해서만큼은 여전히 자신이 트라우마에 갇혀 있음을 깨달았습니다. 자기 몸은 성행위에 대해 나쁜 기억이 있었고, 나쁜 느낌도 함께 갖고 있었던 것입니다. 나는 더러운 사람이란 생각 때문에 스스로 수치스럽게 여겼고, 남자에게 신체적으로 사랑을 표현하는 자신을 차마 견딜 수 없었습니다. 예수님께서 조건 없이 무한히 베푸시는 사랑을 샌디가 다시 한번 실감해야 했습니다. 예수님만이 샌디의 수치심을 치유하실 수 있는 것을 샌디가 알고 믿어야 했습니다. 오직 성령님만이, 예수님의 이런 사랑과 능력에 대해 샌디에게 알려 주시고 역사해 주실 수 있었습니다. 샌디는 내적 치유를 받으면서 수치스러웠던 기억으로 돌아갔고 주님께서는 샌디의 신체적 기억도 놀랍게 치유해 주셨습니다. 할렐루야! 저는 샌디의 사례를 통해 이것을 깨달았습니다. 사람이 트라우마를 겪으면, 그것은 그 사람의 모든 부분에 영향을 미치고 기억까지도 치유가 필요하기에, 생각과 감정적인 기억뿐 아니라 신체적 기억을 포함한 모든 영역에서 점검해 보아야 한다는 것 말입니다.

• 케이티의 이야기 : 데이트 폭력

교회에서 만나 데이트를 시작한 남자아이에게 케이티가 강간당한 것은 십 대 때였습니다. 케이티는 사건 이후 수년이 지나서야 내적 치유를 받게 됐는데, 이미 결혼해서 가정을 이룬 상태였습니다. 케이티는 남편과 함께 성공적으로 사역하는 선교 단체의 지도자였습니다. 하지만 그녀는 마음속 깊은 곳에서부터 올라오는, 설명할 수 없는 슬픔과 분노를 항상 느끼고 있었습니다. 우리는 함께 기도했고, 하나님께서 케이티에게 강간당했던 때를 다시 기억나게 하셨는데, 특별히 그 사고가 있었던 뒤 자신이 더럽다고 느껴져 몸을 거칠게 문질러 씻으며 몇 시간이나 샤워했던 기억을 떠오르게 하셨습니다. 케이티는 결혼할 때까지 순결하고 순전한 신부로서의 자신을 지키기를 원해 왔기에, 그때 얼마나 슬펐는지 기억하게 됐고, 강간 때문에 자신이 오염되고 망가졌다고 느꼈습니다. 내적 치유 상담 시간에 이것에 대해 함께 기도할 때, 케이티는 내면의 더러움을 씻어 내주시는 예수님의 모습을 보았습니다. 신기하게도 즉시, 케이티는 자신이 안팎으로 깨끗해졌다고 느꼈고, 폭행당한 것에 대한 슬픔과 분노는 더 이상 케이트의 것이 아니었습니다. 예수님께서 케이트를 순결한 신부로, 순수하고 거룩하게 해 주셨습니다. 아주 오래전에 겪은 이 사건으로 인해 케이트는 수년 동안, 이 수치심을 안고 살아왔지만, 예수님의 치유의 손길은 시간을 거슬러 올라가 케이티에게 완전한 자유를 가져다주셨습니다.

- 또 다른 트라우마 사례들:

트라우마에는 여러 원인이 있을 수 있는데, 가장인 사람이 직장에서 갑자기 해고당한 일도 트라우마가 될 수 있고, 특별히 이혼의 경우, 당사자 부부뿐 아니라 자녀, 다른 가족들, 심지어 교회와 같은 가까운 공동체에도 트라우마가 될 수 있습니다. 가족에게 신체적 학대를 당한 일도 트라우마이며, 자살한 가족으로 인해 남겨진 가족도 트라우마를 겪습니다. 특히 요즘 청년들이 겪고 있는 성 정체성 혼란은, 자신뿐 아니라 가족에게도 충격적인 사건들을 일으킬 수 있습니다. 사랑하는 가족이 사별을 준비할 시간도 없이 갑자기 죽음을 겪는 사건은, 남은 가족을 큰 충격에 빠뜨리며 트라우마의 원인이 됩니다.

게다가 사망한 사람이 가장 혹은 가장 역할을 감당하던 사람이었다면, 남은 가족 구성원들은 가장 없이 직면한 경제적 어려움을 해결해 가며 살아가는 일이 이차 트라우마로 작용할 수도 있습니다.

트라우마로 진단되는 양상 또한 매우 다양하고 폭이 넓습니다. 어떤 사람은 회복 탄력성이 좋아서, 고통과 충격을 겪은 후에라도 다시 회복할 힘을 가지고 있습니다. 심지어 전쟁이나 자연재해를 겪고 난 후에라도 트라우마를 겪지 않을 수 있을 정도입니다. 한편 어떤 사람은 우리가 보통 트라우마라고 생각하지 않는 일을 겪고도 트라우마 증상을 보이기도 합니다. 그러므로 우리는 외부적인 사건이나 사실만으로 어떤 것이 트라우마의 원인이 되는지 판단할 수 없습니다. 제 경우에는 몇 년 동안 집필한 책의 컴퓨터 파일을 날려 버린 적이 있습니다. 어쩌면 다른 사람에게 이 일은 아무것도 아닐 수도 있을 텐데, 제게는 트라우마로 작용했고, 몇 년 동안 글쓰기를 포기했던 제가 다시 집필을 할 수 있기까지는 꽤 오랜 시간이 걸렸습니다.

트라우마에 대한 기도는 내적 치유 기도 부록 B를 참고하면 됩니다.

쏘울 타이(Soul Ties)

쏘울 타이, 즉, 혼의 묶임이란 무엇일까요? 성경에서도 이런 예를 찾을 수 있을까요? 사무엘상 18장에 다윗과 요나단 사이의 친밀한 관계에 대해 '둘의 마음이 하나가 된 것'으로 언급하고 있습니다. 그러나 그 외에는 구체적으로 언급되어 있지 않습니다. 그러나, 내적 치유 과정에서, 다른 사람과 '건강하지 못한 관계'를 가진 사람들을 만나게 됩니다. 내적 치유에서 사용되는 쏘울 타이(soul ties)라는 용어는 두 사람 사이의 애착이나 친밀함을 묘사하는 것이 아니라 일종의 건강하지 못한 유대 관계를 의미하는 단어입니다. 이것을 심리학에서의 동반 의존(co-dependency)과 비슷한 것으로 설명할 수 있다고 저는 생각합니다. 쏘울 타이의 전형적인 예로는, 알코올에 중독된 남편이 있었는데 남편이 갑자기 술을 끊고 생활 방식을 바꾸기로 하면, 오히려 아내가 갑자기 어쩔 줄 몰라 하며 불안감과 두려움을 보이는 경우입니다. 그동안 아내는 남편의 알코올 중독과 그로 인해 파생된 삶에 의존되어 살아왔기에, 갑작스러운 남편의 변화에 어떻게 대처할지 모르는 상황을 만난 것입니다. 이렇듯 쏘울 타이란, 의도했든 의도하지 않았든 두 사람이 서로 건강하지 못한 관계로 연결되어, 두려움과 죄책감, 또는 어떤 감정적인 의무감 때문에 한 사람이 다른 상대로부터 독립하지 못하는 상태를 말합니다.

• 유대감인가? 속박인가?

하나님께서는 우리가 서로 건강한 관계를 맺기를 원하십니다. 마태복음 18:19에서 예수님께서 말씀하셨습니다. "진실로 다시 너희에게 이르노니 너희

중의 두 사람이 땅에서 합심하여 무엇이든지 구하면 하늘에 계신 내 아버지께서 그들을 위하여 이루게 하시리라." 두 사람이나 공동체 안의 사람들끼리 건강한 관계를 맺고 있을 때 하나님의 역사하심은 더 강하게 나타납니다. 그러나 쏘울 타이는 속박하는 관계에 대한 것입니다. 관계 단절 혹은 이성 간의 관계에서 성에 중독되는 것도 이러한 건강하지 못한 묶임에 해당합니다. 그러나 쏘울 타이는 결혼한 부부나 부모와 자식 간 관계와 같이, 하나님께서 친밀하도록 창조하신 합법적 관계 안에서도 형성될 수 있습니다. 이 관계들 사이에 상함이 있을 때, 쏘울 타이, 즉 혼적인 묶임이 형성될 수 있습니다.

누군가와 연인 사이로 지내던 시절에 형성된 쏘울 타이로 인해, 의외로 많은 사람이 과거에서 벗어나지 못하게 됩니다. 우리가 누군가와 건강하지 못한 관계를 맺고 있다면, 하나님께서는 우리 스스로 그것을 단절하기를 원하시는데, 그렇지 못하면 주어진 삶을 온전히 살아 나갈 수 없거나 혹은, 자신이 어딘가에 걸려 있다는 것을 발견할 수도 있습니다. 여러분은 과거 연인으로 지냈던 어떤 사람을, 헤어진 지 수년이 지난 이후로도 마음에서 결코 놓지 못하고, 아마도 여전히 꿈을 꾸거나 그리워할 수도 있습니다. 여러분은 바로 지금, 누군가와 건강하지 못한 관계를 맺고 있거나, 혹은 당신을 힘들게 하는 어떤 관계에서 벗어나려고 애쓰지만 결국은 되돌아 가게 되는 어떤 관계 가운데 있을 수도 있습니다. 당신은 누군가와 건강하지 못한 관계를 맺고 있음에도 불구하고, 당신의 기준으로는 그 사람과 지금까지 친밀한 관계를 맺어 왔다고 생각하면서 앞으로도 계속해서 그 관계를 이어 가고 싶은 열망을 가질 수도 있습니다. 이런 모든 경우에, 여러분은 누군가와 쏘울 타이를 맺고 있습니다.

- 과거 연인 관계에서 비롯된 쏘울 타이

    팸은 지금 평탄한 결혼 생활을 하고 있지만, 의식적으로 생각하고 있지 않을 때조차도 전 남자친구에 대한 꿈을 꾸곤 했습니다. 최근 들어 더욱 자주 그런 꿈을 꾸자, 팸은 제게 내적 치유를 받으러 왔습니다. 여러 가지 이유로 인해 팸이 남편에게 만족하지 못할 때 전 남자친구 꿈을 꾸면서 그를 생각하게 되고, 심지어 남편과 그를 비교하면서 전 남자친구와의 관계를 상상하게 된다는 것을 깨달았습니다. 팸은 죄책감을 느꼈고, 이것은 다시 남편과의 사이에서 친밀함을 느낄 수 없게 하는 원인이 되었습니다. 팸은 내적 치유 시간을 가진 후, 이 일은 자신이 의지력을 발휘하여 마땅히 끊어야 할 쏘울 타이라는 것을 깨달았습니다.

• 남편과 아내 사이의 쏘울 타이

존과 리나는 부부입니다. 둘 사이에 다툼이 생길 때마다 항상 존에게 불리한 상황이 생겼는데, 존이 먼저 잘못을 빌고 리나가 옳았다는 것을 인정할 때까지, 리나는 몇 주가 지속된다고 하더라도 존과 결코 대화를 나누지 않았기 때문입니다. 그들의 결혼 생활 내내 단 한 번도

리나가 먼저 미안하다고 말한 적이 없었습니다. 존은 가정의 평화를 유지하려 늘 노력했지만, 속으로는 아내를 향한 화가 갈수록 끓어올랐습니다. 리나가 존에게 화를 낼 때마다 존은 마치 살얼음 위를 걷는 것 같았기 때문입니다. 존의 어머니는 아버지와 싸우고 집을 떠나 버렸습니다. 존 또한 아내에게 져 주지 않으면, 리나가 떠나버리고 가정이 깨질까 봐 두려웠던 것입니다. 거절에 대한 이 뿌리 깊은 두려움이 그의 행동의 모든 동기가 되었습니다. 결혼한 지 몇 년이 지나서야 존은 이러한 두려움으로 인해 아내와의 관계에 쏘울 타이가 형성되었다는 것을 깨달았습니다. 또한 이것은 정상적이지도, 건강하지도 못한 관계라는 것을 알게 됐습니다. 부모님으로부터 받은 상처로 인해 두려웠던 존은, 내면의 상처를 치유하고자 저를 찾아왔습니다. 존은 무엇보다 먼저 아내와의 사이에 형성된 쏘울 타이를 끊어야 했고, 자유로운 관계에 기반하여 가정을 유지하기 위해 노력했습니다. 주님께서 보시기에 아름다운 부부 관계란,

서로에게 얽매이지 않는 두 사람 간의 건강하고 성숙한 사랑이 기반이 되어야 합니다.

• 부모와 자녀 간의 쏘울 타이

쩐다는 캄보디아 어느 시골 마을 가난한 집안에서 태어났습니다. 쩐다의 부모님은 많은 자녀를 낳았지만, 그들 모두를 먹여 살릴 수 없어서 쩐다와 남동생을 보육원으로 보냈습니다. 쩐다는 똑똑하고 아름다운 여성으로 자랐고, 의사가 되기 위해 대학에 진학하고 싶었습니다. 하지만 부모님은 쩐다가 고등학교를 졸업하면 집으로 돌아와, 농장 일을 거들면서 가족을 돕기 원했기 때문에 간섭하고 나섰습니다. 집으로 돌아갈 때는 무엇이 쩐다를 기다리고 있는지 그녀 자신도 잘 알고 있었는데, 앞으로의 쩐다의 삶에 있어 자신이 대학에 가고 의사가 되어 지금보다 삶이 더 나아진다는 어떤 희망도 없는, 그저 단순하고 반복적인 육체노동만 매일 자신을 기다리는 그런 삶이었습니다.

그런데도, 쩐다는 자신의 문화적 신념 중에서 가장 높은 수준의 선행으로 여겨지는 부모에 대한 순종을 의무로 떠올렸습니다. 쩐다의 부모님 또한, 만일 쩐다가 집으로 돌아오지 않는다면 남은 가족들은 살아갈 수 없을 테니, 부모와 형제자매들에 대한 책임을 다하라고 당부했습니다. 부모님은 쩐다가 자신의 인생을 선택할 수 있는 권리를 인정하지 않고 무작정 집으로 돌아올 것을 요구했고, 쩐다 또한 자신이 이를 수긍하지 않을 때 다른 가족들에게 거절당할 것을 두려워하고 죄책감을 느꼈습니다. 결국 쩐다는 집으로 돌아가 가족의 농장 일을 거들기로 했고, 일찍 결혼해서 아이를 낳았습니다. 농장 일만으로도 생계를 이어가기 부족했기 때문에 또 공장에서 일을 하게 되었으며, 이런 일들의 반복으로 인해 결국 그녀는 꿈을 이루지 못했습니다. 쩐다는 안타깝게도, 부모님과 관계에서 건강하지 못한 구속의 관계를 맺고 있었습니다. 부모님의 뜻과 다른 선택을 하고 결정을 내린다고 해도 그것이 부모님을 사랑하지 않거나 존경하지 않는 것은 아님에도 불구하고, 쩐다는 쏘울 타이 안에 있었습니다.

- 쏘울 타이는 어떻게 만들어지나?

쏘울 타이는 우리가 어떤 사람과 많은 시간을 보낼 때 형성될 수 있습니다. 그것은 연인 사이의 관계나 성적인 관계 안에 형성될 수도 있지만, 그렇지 않을 수도 있습니다. 때로 우리가 누군가와 긴밀하게 협력해야 할 때 그 사람과 사이에 정서적인 쏘울 타이(emotional soul ties)가 형성될 수 있고, 어려운 문제를 해결해야 하는 스트레스 상황을 함께 직면해야 할 때 그 관계 안에 형성될 수도 있습니다. 이러한 예 가운데, 어떤 남녀가 함께 업무상 프로젝트를 진행하던 중 정서적 쏘울 타이가 생기고, 이에 따라 결국 각자의 배우자를 배신하고 외도까지 하게 된 예도 있습니다. 또한 부모가 모두 밤늦게 퇴근했는데, 하교 후부터 그 시간까지 오랜 시간을 항상 둘이서만 외롭게 지내야 했던 한 남매

사이에 쏘울 타이가 형성된 예도 있었습니다. 이 남매는 항상 매우 좋은 사이였던 것은 아님에도 불구하고, 누나는 끊임없이 남동생을 걱정했습니다. 누나는 결혼 직전에 내적 치유를 받은 후에야 자신이 그동안 남동생에게 정서적으로 얼마나 결속됐는지 깨달았고, 이 쏘울 타이를 끊는 것을 성령님께서 도와주셔야 했습니다. 누나는 자유롭게 된 이후 약혼자와 결혼할 수 있게 되었습니다.

쏘울 타이는 드러나는 현상으로 알 수 있습니다. 두 사람 사이에 건강한 관계가 성립되었고 이를 통해 친밀하고 긴밀하게 유대하는 경우, 서로에게 힘이 되고 복의 통로가 되어 주며, 관계 가운데 믿음과 존중과 사랑을 가져옵니다. 그러나 쏘울 타이는 한쪽의 일방적인 이기심과 통제, 속박, 교묘한 조종으로 유지되는 관계이기 때문에, 지속할수록 죄책감과 분노, 다툼을 가져옵니다. 쏘울 타이가 전반적으로 미치는 영향은 한 마디로 악합니다. 하나님께서 우리에게 의도하시고 원하신 삶을 우리가 최대한 풍성히 누리는 것을 방해하고, 무엇보다 우리를 예수님이 아닌 다른 어떤 사람에게 속박시켜, 그 사람에게만 우리가 몰두하도록 합니다. 우리가 하나님께만 집중하는 것을 방해합니다. 이단 추종자들이 그 지도자를 개인적으로 숭배하는 것을, 쏘울 타이 사이의 심각한 한 예로 들 수 있습니다.

• 쏘울 타이를 끊는 기도

주님께 여쭈어봅니다 : 충분히 시간을 내어 하나님께 기도하면서, 자신 안에 끊어야 할 쏘울 타이가 있는지 보여 주시라고 간구합니다. 주님께서 만일 어떤 사람들을 생각나게 하신다거나, 쏘울 타이가 있을 가능성이 있는 관계가 생각나면, 쏘울 타이를 끊는 기도를 드립니다.

• 도움이 되는 질문들:

1. 성적 결합 또는 육체적 결합이 있는가?

2. 그 사람을 생각하면, 질투의 감정이 솟아오르거나 혹은

그 사람에 대한 소유욕이 강해지는가? 관계가 다른 사람에게 위협을 받는다고 생각될 때, 내가 적대적으로 되거나 폭력적으로 되는가?

3. 그 관계가 폐쇄적인가, 혹은 다른 사람들도 자유롭게 함께 할 수 있는가?

4. 그 사람이 없어도 내가 스스로 일을 잘해 내는가?

5. 하나님보다 그 사람에게 더 관심이 집중되어 있는가?

6. 그 사람이 나의 안전과 힘이 되는가?

7. 여러분이 인생에 있어서 중요한 결정을 내릴 때, 그 사람(배우자, 리더, 조언자, 선생님, 친구 등)이 그것에 대해 끊임없이 말하는 것처럼 보이는가? 그 사람이 여러분의 삶에 평범하지 않은 어떤 영향을 끼쳤는가? 그들의 충고가 다른 어떤 사람들의 충고보다 더 중요하고 우선적인가?

- 기도: 부록 B의 내적 치유 기도의 기본 지침을 사용할 수 있습니다.

먼저는 자신과 관계에서 쏘울 타이가 있는 것 같은

생각이 드는 사람과의 관계에 대해, 정말 쏘울 타이가 있는 것은 아닌지 주님께서 알려 주시기를 구하고, 만약 있다면 이 건강하지 못한 쏘울 타이의 원인도 알려 주시기를, 주님께 간구해야 합니다. 거기에는 죄책감, 두려움, 소유욕, 탐심, 심지어 성적 환상이나 죄짓는 환상까지도 있을 수 있습니다.

둘째, 어떤 어려움이나 갈등, 싸움, 죄의식을 함께 겪었고 이것을 또한 조종하는 가정에서 함께 성장한 것은 아닌지, 기도하는 가운데 주님께서 생각나게 해 주시도록 간구합니다. 어떤 사람에 대해 자신이 가진 환상이나 성적 문란 등이 있다면, 이 쏘울 타이로 발전하게 된 계기가 있다면 주님께서 기억나게 해 주시도록, 기도하면서 세월을 거슬러 올라갑니다.

셋째, 자신이 회개해야 할 부분을 기도하며 이 쏘울 타이의 결박으로부터 끊어 달라고 주님께 간구합니다. 여러분은 여러 가지 사건들과 기억을 다루어야 할 수도 있습니다. 또한 그것을 깨기 위해, 결정이나 행동을 의지적으로 실천해야 합니다. 예를 들면, 모아 둔 기념품이나 연락처 정보를 없애거나, 그 사람과 정면으로 대면하는 것인데, 그러나 무엇보다도 하나님의 권위를 구하며 겸손함을 갖는 것이 가장 강력한 행동입니다.

넷째, 여러분과 그 사람 안에 자리잡은 있는 어떤 견고한 진, 탐심, 욕정, 질투, 죄책감과 두려움 같은 것들을 주님께서 깨뜨려 주십사 기도드립니다. 하나님께서 여러분에게 주신 권세를 가지고, 예수의 이름으로, 이것들을 여러분의 생각과 존재 전체에서 쫓아 버리고, 예수님의 발아래 내려놓는다고 기도합니다.

다섯째, 이 관계를 새롭게 해 주시기를 주님께 간구하며, 죄 된 패턴이 깨어지고 의로운 패턴과 자유가 임하기를 기도합니다.

- 사라의 이야기

내적 치유 상담을 하는 동안 사라는 어려움을 토로했습니다. "왜 이런 느낌이 드는지 정말 모르겠습니다. 제가 기억하는 한 트라우마를 경험한 적이 없고, 행복한 어린 시절을 보냈는데도 저는 항상 자신이 부족하다고 생각합니다. 제가 무언가를 성공적으로 해냈을 때조차도 저는 그것을 받을 자격이 없는 사람처럼 느껴져요." 사라의 어머니는 결혼 전에 사라를 임신했습니다. 사라도 그 사실을 알고 있었는데, 성인이 되었을 때 이모가 알려줬기 때문입니다. 하지만, 우리가 사라의 태아기 경험에 대해 치유하기 전까지는, 사라는 이 사실을 자신이 항상 느껴오던 감정과 연결한 적이 없었습니다.

하나님께서는 예레미야 1장 5절을 통해 우리에게 말씀하십니다. "내가 너를 모태에 짓기 전에 너를 알았고 네가 배에서 나오기 전에 너를 성별하였고 너를 여러 나라의 선지자로 세웠노라." 우리가 단순히 부모의 뜻으로 태어난 것이 아니라 천지를 만드신 하나님께서 우리에게 생명을 주셨으며, 우리가 태어나기 전부터 우리를 계획하셨고 미리 아셨음을 말해주는 유명한 말씀입니다. 이 말씀이 우리의 출생에 대해 큰 위로를 줍니다. 하나님은 우리를 과거, 현재, 미래의 모든 세상을 통틀어서 오직 유일한 단 하나의 존재로 창조하셨습니다. 심지어, 신체적으로 유사한 특징을 많이 갖고 있는 일란성 쌍둥이조차도 완전히 똑같지는 않습니다. 우리는 모두 각자가 독특하고 유일한, 단 하나의 개인입니다.

어머니가 혼전 임신을 했던 사라의 경우처럼, 우리가 태어나기도 전에 어머니의 자궁에서 때때로 우리 존재에 대한 손상이 일어납니다. 태아들은 임신 당시 어머니가 가졌던 거절감, 분노, 두려움, 불만, 억울함을 모두 함께 가질 가능성이 높습니다. 사라의 어머니는 남편과 결혼하기 전에 사라를 임신했는데 원하고 준비했던 임신이 아니었기에, 심한 두려움과 불안으로 인한 스트레스를 많이 겪었을 것입니다. 그것이 그대로 태아 시절의 사라에게 전달되었을 것이라고 저는 확신합니다. 경험이라는 것이 없는 태아는 사물이나 사건, 환경을 이해하는 능력이 전혀 없다고 봐야 하므로 어머니의 감정을 그대로 자신을 향해 해석합니다. 태아기 치유 과정에서, 내담자는 자신 안에 크게 요동치는 어떤 강한 감정에 의해 영향을 많이 받으며, 태내에서 당시 아기가 느꼈을 것 같은, 같은 감정을 느끼고 있는 자신을 발견할 때가 많습니다. 기도하는 가운데 이러한 경험을 통과하며, 내담자들은 예수님께서 주시는 놀라운 자유를 느끼며 그들 자신을 더욱 이해하게 됩니다.

- 가난의 영과 자기 제한의 영을 가진 스레이온 모녀 이야기

스레이온은 싱글맘으로 한때 힘든 삶을 살았지만, 지적이고 경건한 여성이며 나중에는 성공적인 인생을 살게 됐습니다. 스레이온의 딸 피세이가 성장하여 결혼하게 되자, 스레이온은 딸에게 최고로 멋진 결혼 예식을 선물해 주고

싶었습니다. 하지만 딸은 "글쎄, 나는 이거 필요 없어요. 지금 있는 것으로도 충분해요. 우리 형편에 이걸 어떻게 다 감당하려고요?" 등과 같이 스스로 제한하는 말을 계속해서 했습니다. 스레이온은 딸의 모습에서 자신의 모습을 보았습니다. 스레이온은 너무 화려하거나 분에 넘친다고 생각하는 것은 항상 자신이 받을 자격이 없다고 생각했고, 심지어 그것들을 살 수 있는 여유가 있을 때도 좋은 것들로부터 자신을 제한해 왔습니다. 내적 치유 과정을 거치는 동안, 스레이온은 피세이를 임신했을 때 시장에서 채소를 팔면서 울고 또 울었던 날을 떠올리게 되었습니다. 임신 중에도 돈을 벌어야 하는 자신의 신세가 처량하게 느껴졌고, 가족을 부양하지 못하는 남편과 극심한 가난 때문에 슬펐기 때문이었습니다. 삶에 대한 책임감이 스레이온의 어깨를 무겁게 짓눌렀고, 스레이온은 딸과 함께 살아남기 위해 열심히 일해야 했습니다. 단 한 순간도 긴장을 풀고 인생을 즐길 수 없었습니다. 스레이온은 항상 중고 가구만 샀고, 아무리 마음에 드는 것이 있어도 새것이라면 절대 사지 않았던 과거도 떠올렸습니다. 이제 보니, 과거의 자신과 딸의 모습이 똑같은 것입니다. 스레이온은 딸이 결혼하기 전에 그러한 대물림을 끊을 수 있도록 피세이도 내적 치유를 받게 해 주었습니다. 치유 과정을 통해, 모녀 모두 이러한 성향이 어떻게 생겨났는지에 대해 깊이 이해할 수 있게 되었고, 예수 그리스도의 이름으로 이를 깨뜨릴 수 있는 권세가 있다는 것을 알고, 또한 믿게 되었습니다. 결국 모녀 모두 예수님께서 주시는 자유와 평안을 얻었습니다.

- **거절을 두려워한 잭의 이야기**

어느 날, 잭의 어머니는 아기를 '지우기' 위해 병원을 찾았습니다. '아기를 지운다'는 것은 한국에서는 낙태를 의미하는 말이었습니다. 그녀에게는 이미 딸이 세 명 있었고, 오랫동안 기다려 온 아들도 한 명, 바로 올해

낳았기 때문에 더는 자녀를 낳고 싶지 않았던 것입니다. 게다가 태중의 아이가 또 딸일까 봐 그것도 두려웠습니다. 하지만, 남편 친구였던 의사가 말하기를, 태아가 남자아이 같으니 낙태하지 말고 나으라는 것입니다. 다음 날 아침, 남편은 커다랗고 빛나는 눈을 가진 거대한 호랑이가 꿈에 나타났다고 말했고, 그 말은 들은 그녀는 그제야 남편에게 임신 사실을 고백했습니다. 잭은 아버지의 태몽대로 정말로 크고 빛나는 눈을 가진 아이였고, 자신의 출생에 관한 이야기를 어머니에게서 끊임없이 듣고 자랐습니다. "나는 너를 지우려고 했지만, 하나님의 섭리로 네가 태어날 수 있었단다…" 이런 이야기는 잭에게 하나님의 은혜에 대한 간증이 되었지만, 다른 한편으로는, 사람들로부터 자신이 거절당했다고 느낄 때마다, 잭은 유난히 깊은 거절감과 분노를 갖게 되는 문제를 겪곤 했습니다. 또한 누군가에게 한 번 실망하고 분노하게 되면, 원한이 쉽게 풀리지 않아 마음속에 오래 품곤 하였습니다. 잭의 태아기 경험을 위해 함께 기도할 때, 잭이 가진 이러한 성향이 어머니 태중에 있을 때부터 형성되었다는 것을 깨닫게 되었습니다. 이후로 잭이 거절감을 느낄 때마다 오랜 세월 동안 그것은 계속 강화됐던 것입니다. 상담이 끝난 후, 자신이 왜 거절당할 때 유난히 더 어려웠던 것인지, 잭은 이제는 잘 인지하게 되었고, 이후로는 그러한 감정을 예수님께 가지고 나와 해결받는 경험을 할 수 있게 되었습니다.

• 태아기 경험 치유

부모님의 소원이 무엇이었는지와 상관없이, 어머니의 모태에 나를 심으시기 전부터, 창세 전부터 하나님께서는 내 삶에 대한 계획과 목적을 가지고 나에게 생명을 주셨습니다. 땅끝까지 세상을 창조하신 위대하시고 영원하신 하나님께서 나를 창조하셨고, 나를 구원하셨고, 나를 지명하여 부르셨고, 나를 택하셨고, 나를 사랑하시며 존귀하게 여기십니다. 이것이 바로 나의 존재에 관한 진리입니다. 에베소서 1장

4~5절을 통해 주님께서 우리에게 말씀해 주십니다. "곧 창세 전에 그리스도 안에서 우리를 택하사 우리로 사랑 안에서 그 앞에 거룩하고 흠이 없게 하시려고 그 기쁘신 뜻대로 우리를 예정하사 예수 그리스도로 말미암아 자기의 아들들이 되게 하셨으니"

먼저는 내가 잉태되는 순간에 예수님께서 나와 함께 계셨다는 것을 인정해야 합니다. 당신의 손으로 직접 내 아버지의 정자와 어머니의 난자를 합치는 것을 상상해 보십시오. 부모님이 나를 원하지 않았던 것을 용서하고, 예수님께서는 나의 부모와 나를 함께 원하셨다는 사실을 받아들여야 할 것이고, 또 그렇게 할 수 있을 것입니다.

• 다음으로는 임신 기간을 다룹니다.

첫 3개월은 태아가 수정되는 순간부터 13주까지의 기간입니다. 이 기간에 부모, 특히 어머니와 아기를 향한 그 어떤 저주나 헌신, 맹세가 있었다면 우리가 함께 기도하며,

이것을 깰 필요가 있습니다. 또한 낙태 시도나 아기를 향한 거절이 있었던 것을 기도 가운데 알게 되었다면, 내가 부모를 용서해야 합니다.

두 번째 3개월은 14~26주 기간입니다. 태아의 성장과 발달에 더욱 중요했던 이 시기에 대해 기도할 때, 만약 내담자가 이전보다 더욱 강렬한 감정을 느끼거나 혹은 어떤 막힘, 혹은 단절을 느낀다면, 우리는 더 깊이 기도하며 이 부분을 깊이 살펴야 합니다. 내담자는 어머니가 가졌던 불안, 슬픔, 심지어 아이에 대한 분노까지도 기도 중에 느낄 수 있습니다.

세 번째는 27주에서 40주 그리고 출산 때까지의 기간입니다. 우리는 내담자가 이 시기까지 지나가는 것을 돕고, 부모와의 부자연스러운 유대감 또는 부모에 대한 과도한 의존을 끊는 것을 의미하는 '탯줄 자르기' 의식을 내담자가 상상하도록 도와줍니다. 내담자가 태어날 때 예수님께서 어디에 계셨는지 보여 달라고 기도할 수 있습니다. 놀랍게도 바로 이때, 대부분 내담자가 자신을 향한 예수님의 사랑을 알고, 예수님께서 나를 얼마나 기뻐하시는지를 느낍니다.

어떤 상황 가운데 태어났든지, 나에게 생명을 주신 분은 예수님이시고, 내가 이 세상에 태어난 것을 가장 기쁘게 맞아 주신 분도 예수님이라는 것을 아는 것이 가장 중요합니다. 부모의 입장이라면, 자녀를 축복하면서, 부모 역시도 안정감과 축복 속에서 자녀를 바라왔던 것을 자녀가 느낄 수 있도록 도와주고 예수님께 자녀를 맡기십시오.

가계 치유

세대를 걸쳐 전해져 내려오는 저주를 끊는다는 개념이 있습니다. 예수님께서 십자가에 돌아가시고 부활하심으로, 모든 인류를 위해, 모든 죄의 저주를 단번에 깨뜨렸다고 믿고, 더는 우리가 저주 아래 있지 않다고 믿는 기독교인들에게 받아들이기 어려운 개념입니다. 그것을 다시 다뤄야만 할까요? 그렇습니다. 우리가 진정으로 거듭날 때, 우리의 옛 자아는 죽었고, 그리스도 안에서 새로워졌습니다: 우리의 정체성, 마음의 열망, 태도와 행동, 모든 것이 하나님의 실재하심 속에서 변화합니다. 그러나 다른 한편으로, 세대를 걸쳐 전해 내려오는 저주를 깨는 것에 대해 우리가 생각해 봐야 하는 이유가 있는데, 그것은 우리가 아직도 죄의 본성을 가지고 있다는 것, 그리고 복음의 좋은 소식은 우리가 단순히 구원받은 것에 그치지 않고 우리의 모든 부분에서 그리스도의 장성한 분량까지 계속해서 점점 닮아가는 성화가 우리의 일생 가운데 계속된다는 데 있다는 것입니다. 또한, 우리가 내적 치유를 하는 이유는, 우리에게 있는 죄의 성향과 반복되는 죄를 자각하고, 그것들을 모두 주님 앞으로 가지고 나아가 그리스도의 보혈로 성결함을 받는 것입니다. 그리스도 안에서 더 큰 자유를 누리고, 더욱 충만한 삶을 살고자 하는 이들이 그리스도 안에서 받는 상급은 이미 이 세상에서 시작된 것입니다.

저는 이러한 개념을 바탕으로 가계 치유에 대해 다루고 싶습니다. 성화의 과정은 구원의 과정과도 같습니다. 구원의 과정 가운데, 우리가 죄인이라는 것을 자각할 수 있도록 주님께서 우리에게 계시해 주시는 것이 필요하듯, 가계 치유 과정 중에도, 우리 삶의 죄 된 영역에서 반복되는 문제를 성령님께서 친히 드러내시고 계시해 주시는 것이 필요하다는 말입니다. 그러한 계시를 통해, 우리는 예수님의 이름 안에서, 하나님께서 우리에게 주신 권세를 가지고, 주님께서 죄를 깨시는 자리에 의지적으로 우리 자신을 두는 것입니다.

당뇨병, 암 또는 심장 질환과 같은 특정한 신체적 질병이 유전될 수 있듯이, 우울증, 불안, 정신 질환, 자살 성향과 같은 특정한 감정적 문제들도 유전될 수 있습니다. 또한, 조상의 신체적 특성을 물려받는 것처럼, 거짓말, 성적 문란,

중독 성향과 같은 행동적 특성도 부모나 조상으로부터 물려받을 수 있습니다. 이와 관련해, 하나님께서는 출애굽기 34장 6~7절을 통해 우리에게 말씀하십니다. "자비롭고 은혜롭고 노하기를 더디하고 인자와 진실이 많은 하나님이라. 인자를 천대까지 베풀며 악과 과실과 죄를 용서하리라 그러나 벌을 면제하지는 아니하고 아버지의 악행을 자손 삼사 대까지 보응하리라."

우리가 속한 가계의 조상들이 지은 죄의 사슬을 끊어 달라고 주님께 간구하며 기도할 때, 하나님께서는 우리 자신뿐만 아니라 우리 가족들 안에서 볼 수 있는 특성들도 함께 상기시켜 주십니다. 하나님께서 어떻게 죄를 끊는지에 대해 직접 계시해 주시기 위해, 우리의 기억이 우리의 조상 때까지 세월을 거슬러 올라가는 것까지도 허락하십니다.

제가 아주 어렸을 때, 저는 거짓말을 많이 했던 아이인 것으로 기억합니다. 저는 피아노를 치는 동안 제가 노래를 직접 지어서 할머니께 들려 드리며, 제가 지은 곡이 아닌,

피아노 선생님에게 배워 온 매우 어려운 곡이라고 말씀드린 적이 있습니다. 제가 직접 지어낸 이야기를 동생에게 들려주면서는 그것이 실제 이야기라고 믿게 만들려고 했던 적도 있습니다. 저는 풍부하다 못해 과도한 상상력을 가지고 있었고, 제가 가장 좋아하며 즐거워했던 놀이는 하늘의 구름 모양을 몇 시간이고 올려다보며 상상의 이야기를 끝도 없이 만들어 내는 것이었습니다. 언제를 기점으로 제가 거짓말을 하던 버릇이 없어졌는지는 정확히 기억나지 않지만, 그리스도를 진심으로 만난 후에도 제게는 여전히 지나친 공상에 빠져들고 백일몽을 자주 꾸는 것이 문제가 될 정도였습니다. 대학 시절에는 수업 시간에 혼자 저만의 공상하다가 교수님께 지적당하고 창피를 당할까 걱정하는 마음에, 다수가 수강하는 대형 강의만 듣고 소그룹으로 듣는 강의는 피했던 기억이 있습니다. 저도 솔직히 이런 저 자신이 때로 부끄럽고 스스로 바보 같다고 여길 때가 많았음에도 불구하고, 남들처럼 보통의 일상적인 생활을 해 나가는 데 그럭저럭 적응해 갈 수 있었기 때문에 그냥 지냈고, 아무도 제가 이런 문제를 가지고 있다는 것을 알지 못했습니다. 심지어 제 남편조차도 말입니다. 그러나 제가 목사가 되어 설교해야 할 때가 되어서야 이것은 정말로 '문제'가 되기 시작했습니다. 설교를 준비하는 데 저도 모르게 왠지 집중하기가 어려웠고, 저의 정신이 계속해서 밖으로 탈출하는 것 같아 정말 난감해지기 시작했습니다.

그럴 때쯤, 저도 '내적 치유'를 받게 되었고, 인생 가운데 하나님께서 예비해 주신 놀라운 돌파구를 만나게 되었지만, 너무도 쉽게 딴생각으로 빠지는 버릇은 여전히 목회자로 부르심에 방해가 됐습니다. 그때 비로소 제 인생에서 제가 이 속박을 의지적으로 완전히 끊어야 한다는 것을 깨달았습니다. 그러나, 제가 기억하는 한, 저는 그 습관과 늘 함께 있었기 때문에 제가 그것을 정말 없애고 싶은 것이 아닌 것 같다는 생각이 들었습니다. 오히려 삶 가운데 스트레스를 받을 때 상상의 세계로 탈출할 수 있는 것이 그리 잘못된 것으로 여겨지지 않았기 때문에, 저는 그것을 끊지 않고 계속하고 있었습니다.

첫 내적 치유를 받고 난 2년 뒤에, 하나님께서 저를 더 깊은 자유로 이끄신다는 것을 알게 되었습니다. 그리고 주님께서 저의 백일몽과 지나친 상상의 문제들의 원인을 찾아주시는 데, 저 자신이 준비되어야 한다는 것을 깨달았습니다. 어느 날, 제가 멘토 목사님과 만날 약속을 잡았는데, 목사님은 바로 다음 날 만날 수 있다고 말씀하셨습니다. 그날 밤, 저는 꿈을 꾸었습니다. 꿈에서 제 '얼굴'을 보았는데, 그 위에 잡초가 자라고 있었습니다. 깜짝 놀란 저는 제 얼굴에 난 잡초를 힘껏 잡아당겨 뽑았지만, 잡초는 그래도 계속 자라났습니다. 저 또한 반복적으로 잡초를 힘껏 잡아당겨 마침내 뿌리가 뽑혔고 저는 꿈속에서였음에도 불구하고 큰 안도감을 느꼈습니다. 다음 날 멘토 목사님을 만나 함께 기도를 시작했을 때, 성령님께 이끌린 멘토 목사님은 제 삶 속에 자리 잡은 가계적인 반복을 끊는 것에 대해 기도해야 한다고 말씀하셨습니다. 저는 그때까지 목사님께 한 번도 저의 공상 문제를 말씀드리지 않았습니다. 함께 기도를 시작하자, 주님께서 목사님에게 '얼굴'을 비전으로 보여 주시고, 목사님께서 '얼굴'에 문제가 있다고 말씀하셨습니다. 그때 저는 부모와 함께 바닷가에 사는 소년의 환상을 보았습니다. 저는 그 소년이 제 조상이라는 것을 즉시 알 수 있었고, 소년의 얼굴에는 큰 화상 흉터가 있었습니다. 이 흉터를 무척 부끄러워했던 소년의 부모는 소년을 집 밖으로 나가지 못하도록 강제했는데, 이에 대해 소년이 매우 분노한 감정을 가지고 있다는 것을, 주님께서 제게 느끼도록 해 주셨습니다. 그런 식으로 밖으로 나가지 못하던 소년은 상상력과 환상을 매우 발달시켰습니다. 그 소년이 지었던 죄는, 바로 부모를 향해 살인적인 분노를 품은 것이었습니다.

이러한 심각한 공상의 문제가 친할머니, 곧 저의 아버지 쪽에서 내려왔다는 것을 주님께서 제게 깨닫게 해

주셨습니다. 이러한 성향은 아버지에게서 저로, 그리고 제
형제자매들에게도 내려왔습니다. 가계를 타고 내려오는
거짓말과 과장, 그리고 툭하면 현실을 벗어나 제가 만든
공상과 환상과 백일몽의 세계로 도망치는 죄에서 벗어나고
싶은 마음이 제게 너무나 간절해졌습니다. 하나님께서 제게
깨닫게 해 주신 대로, 제 자신의 죄와 조상의 죄에 대해
회개하며 주님께 용서를 구했습니다. 멘토 목사님께서
설명해 주시길 이미 조상은 죽었기 때문에, 조상을 용서해
달라고 주님께 기도하는 것이 아니라 느헤미야 1 : 6절의
느헤미야의 기도처럼 조상의 '죄'를 용서해 달라고 하나님께
간구하는 것이 바른 방법이었습니다. "이제 종이 조의
종들인 이스라엘 자손을 위하여 주야로 기도하오며 우리
이스라엘 자손이 주께 죄를 범한 죄들을 자복하오니 주는
귀를 기울이시며 눈을 여시사 종의 기도를 들으시옵소서
나와 내 아버지의 집이 범죄하여..." 느헤미야는 그의
조상들의 죄를 용서해 달라고 기도했습니다. 지금 시대의

우리는 지금 살아있는 사람들이 죄를 짓게 만드는 원인이 되는 패턴을 주님께서 끊어 주시고 용서해 주시기를 구하는 것입니다.

시간이 좀 걸렸지만, 그 이후로 저는 반복되는 환상과 백일몽의 속박에서 완전히 벗어났습니다. 성령님께서 제게 더 완전한 자유가 필요하다는 것을 깨닫게 하셨고, 삶 가운데 이 반복을 끊는 것에 대해 제가 의지적으로 결단하게 하셨습니다. 그리고 하나님께서는 제게 강권적으로 내적 치유 사역자의 도움을 받게 하시며 제 삶에서 이 가계적인 죄악을 끊을 수 있는 권세를 허락하셨습니다.

우리의 의지와 훈련으로 할 수 있는데 왜 굳이 조상까지 거슬러 올라갈 필요가 있느냐고 묻는 사람들이 있습니다. 하나님께서는 우리가 그분께 순종하되 의지적으로 순종하도록 자유 의지를 주셨습니다. 우리 삶 가운데 나타나는 어떤 문제들은 우리가 이미 잘 알고 있고, 훈련을 통해 죄의 반복을 끊으려고 노력할 수 있고 심지어 성공할 수도 있다고 생각합니다. 그러나 어떤 문제가 있는 성향은 우리 내면에 깊이 숨겨져 있으며, 우리의 존재와 함께 심각하게 하나로 얽혀 있습니다. 하나님께서 사랑하시는 사람은 친히 징계하시고, 오직 하나님만이 드러내실 수 있는 우리 안의 더 깊은 것들을 빛 가운데 드러내실 것입니다. 그러나 하나님을 사랑하는 사람들에게 이보다 더 큰 이유가 있는데, 우리를 향한 하나님의 마음을 이해하기 시작하면, 하나님과의 친밀함을 방해하는 죄로 인해 슬퍼하며 그러한 죄에서 벗어나기를 원하기 때문입니다.

한국식 바디 스크럽에 대한 재미있는 비유가 있습니다. 한국 사람들은 한국식 사우나에 가서 때를 미는 것으로 유명합니다. 때를 미는 것은 번거롭고 또 아프기도 하지만, 그만큼 몸이 너무나 깨끗해지는 기분이 들기도 합니다. 때를 많이 밀어본 사람들은 때 밀기 요령에 있어서 마치 전문가가 된 것 같은데, 때를 쉽게 없애기 위해서 먼저

온수 욕조에 몸을 담가 '죽은 피부 조직'인 때를 불린 후에 까칠까칠한 타월로 벗겨 이것을 효과적으로 제거합니다. "때를 처음 미는 사람에게서 때가 더 많이 나오겠다고 생각하지만, 오히려 나처럼 정기적으로 때를 미는 사람에게서 '때'가 더 많이 나온다. 우리 몸이 때를 밀어서 없애는 것에 길들어 때가 쉽게 밀려 나오기 때문이다"라고 말합니다. 엉뚱한 이야기 같지만, 저는 이 이야기가 우리의 영적인 측면과도 재미있게 들어맞는다고 생각합니다. 하나님과 정기적으로 친밀하게 동행하는 사람일수록 자신의 연약함과 죄를 더 잘 깨닫게 되고, 결국 삶 가운데 고집스럽게 숨겨진 죄의 반복들이 성령님에 의해 깊은 곳에서부터 정화되는 과정이 열리기 때문입니다.

- 한 세대에서 다음 세대로 이어지는 특정한 죄에 대한 성경의 예시:

1. 아브라함은 아내 사라가 자신의 누이라고 거짓말했다: 이삭은 아내 리브가에 대해 같은 죄를 반복했다.

창세기 12:13 "원하건대 그대는 나의 누이라 하라 그러면 내가 그대로 말미암아 안전하고 내 목숨이 그대로 말미암아 보존되리라 하니라."

창세기 26:7 "그곳 사람들이 그의 아내에 대하여 물으매 그가 말하기를 그는 내 누이라 하였으니 리브가는 보기에 아리따우므로 그곳 백성이 리브가로 말미암아 자기를 죽일까 하여 그는 내 아내라 하기를 두려워함이었더라."

2. 다윗은 밧세바와 간음한 뒤, 죄를 덮기 위해 그녀의 남편을 살해했다. 다윗은 이 죄를 비밀리에 저질렀다 생각했지만, 드러나게 되었고, 그들 사이에서 나온 아기는 죽었다. 또한, 다윗의 아들 압살롬도 다윗의 첩들과 공개적으로 간음을 저질렀다.

사무엘하 16:22 "이에 사람들이 압살롬을 위하여 옥상에 장막을 치니 압살롬이 온 이스라엘 무리의 눈앞에서 그 아버지의 후궁들과 더불어 동침하니라."

3, 솔로몬의 성적인 범죄와 아내들의 우상숭배. 그것은
이스라엘이 우상 숭배를 계속하는 죄를 짓도록 했다.

열왕기상 11:4~8 "솔로몬의 나이가 많을 때 그의
여인들이 그의 마음을 돌려 다른 신들을 따르게 하였으므로
왕의 마음이 그의 아버지 다윗의 마음과 같지 아니하여
그의 하나님 여호와 앞에 온전하지 못하였으니, 이는 시돈
사람의 여신 아스다롯을 따르고 암몬 사람의 가증한 밀곰을
따름이라. 솔로몬이 여호와의 눈앞에서 악을 행하여 그의
아버지 다윗이 여호와를 온전히 따름 같이 따르지 아니하고
모압의 가증한 그모스를 위하여 예루살렘 앞산에 산당을
지었고 또 암몬 자손의 가증한 몰록을 위하여 그처럼
하였으며 그가 또 그의 이방 여인들을 위하여 다 그처럼
한지라 그들이 자기의 신들에게 분향하며 제사하였더라."

우리의 삶에 작용하는 가계적 죄의 현상을 우리가
어떻게 감지할 수 있을까요?

우리 자신의 삶뿐만 아니라 부모, 형제자매, 조부모, 이모나 고모, 삼촌, 사촌들의 삶에도 널리 퍼져있으면서 반복되는 것이 있는지 찾아보고, 죄의 열매를 따라 가계의 뿌리까지 살펴봅시다.

- 사례들:

    1. 거짓말을 하거나 쉽게 공상에 빠지는 성향, 상상하는 버릇

    2. 두려움, 불안, 공포증, 혼란, 우울증, 통제 또는 남을 조종하려는 성향

    3. 실패 또는 성공에 대한 두려움, 파괴적이거나 뒤로 미루는 성향

    4. 피해의식, 상처, 분노, 복수, 관계를 끊는 성향

    5. 비판적, 자기의, 통제적, 요구하는 성향

    6. 다툼, 논쟁, 따지기 좋아함, 감정 폭발, 심지어 이혼의 성향

7. 음란, 간음, 부도덕, 호색의 성향

8. 질투, 시기, 경쟁심, 비교하는 성향

9. 중독, 의존성, 심약한 성향

10. 요절이나 질병의 성향

11. 공격성과 폭력성의 성향

12. 사이비 종교나 우상숭배에 빠지는 성향

가계적으로 영향을 주는 영을 어떻게 끊는가? 일반적인 지침은 부록 B를 참조하도록 하고, 다음과 같은 구체적인 질문을 해 볼 수 있습니다:

- 나의 삶에서 반복되는 가계적인 죄가 무엇인지 알려 달라고 주님께 간구합니다.

- 그 죄가 어떻게 나의 가계로 들어왔는지, 어떤 형태의 죄인지 주님께 알려 달라고 기도하며 구합니다.

- 반복되는 죄와 연결된 우리 부모님을 비롯한 조상들의 죄와 우리 자신의 죄를 기도하며 자백합니다.

- 우리 자신과 가계에 영향을 주는 마귀적인 묶임이 끊어지고 견고한 진이 없어지도록 기도합니다.

X. 내적 치유와 영적 전쟁

영적 전쟁에 관한 이번 장에서, 독자 여러분이 더욱 깊이 이해하는 데 도움이 될 것이라고 제가 생각한 두 가지 분야를 다루고 싶습니다. 하나는 귀신 들림에 관한 것이고, 다른 하나는 찰스 크래프트 박사의 "인간과 영적 세계의 상호 작용 원리"에 관한 것입니다.

귀신 들림

제가 처음으로 귀신 들린 사람을 만났던 사례로 이야기를 시작하고 싶습니다. 어느 날 자정이 넘은 시각에, 당시 저와 남편이 목사로 섬기던 교회에서 전화가 걸려

왔습니다. 중보기도가 필요한 성도를 위해 한 무리의 청년들이 중보 기도 하던 중에 축사가 필요한 상황이 발생했다는 내용이었습니다. 제가 급히 서둘러서 교회 사무실에 도착했을 때, 한 여자 청년이 목이 졸린 듯 숨을 쉬지 못하고 있었습니다. 저는 그때까지 한 번도 축사를 해본 적이 없어서 온몸의 털이 모두 일어서는 것 같았습니다. 하지만 목사인 제가 무엇인가 해야 했기에, 주님께서 지도해 주실 것을 믿고 기도하기 시작했습니다. 저는 그녀를 다른 방으로 데리고 들어갔고, 다른 사람들에게 우리를 위해 중보하라고 부탁하고, 즉시 축사 기도를 시작했습니다. 이미 그녀는 전형적인 귀신 들림의 징후 가운데 하나로 목소리 변화를 나타내 보였고, 목에 불그스름한 자국이 나 있었으며 매우 반항적이었습니다. 제가 지금까지 알고 있던 아름다운 소녀가 아니었습니다. 제가 귀신에게 떠나가라고 명령했을 때, 그 목소리는 반항적으로 "싫다"라고 말했습니다. 시간이 지나자,

무섭다기보다 화가 났습니다. 저의 두려움은 거룩한 분노로 변했습니다. 어떻게 감히 예수님의 이름으로 명령하는 권세를 거스를 수 있지? 그래서 저는 조용히 기도했습니다. 주님, 도와주세요! 그러자 즉시, 놀라운 일이 일어났습니다. 주님께서 제게 어떤 재미있는 생각을 떠오르게 해 주신 것입니다! 바로 그 당시 내가 가장 좋아하던 TV 프로그램인 "스타 트렉"의 한 장면이 떠오르게 해 주신 겁니다. 반은 인간이고 반은 기계인 사이보그가 "저항해 봤자 소용없다!"라고 말하는 장면이었습니다. 귀신의 목소리가 다시 한번 "싫다"라고 했을 때, 저는 "저항해 봤자 소용없다!"라고 말했고, 그게 너무 웃겨서 저는 웃기 시작했고, 귀신 들렸던 청년 또한 함께 웃었습니다. 축사하는 내내, 하나님께서 제 생각 속에 계속해서 재미있는 생각들을 넣어 주셨습니다. 저는 이 상황에서 예수님의 거룩한 권세가 느껴졌는데, 이 상황을 통제하려고 어리석게 시도하는 귀신이 더 이상 두렵지 않았기 때문입니다.

하나님께서 저와 함께 계신다는 것을 깨닫게 해 주시니, 제 안에 계신 분은 지금 이 소녀를 조종하는 귀신보다 비교조차 할 수 없이 아주 위대하시다는 생각이 그 상황을 다스려 갔습니다. 마침내 그녀는 제정신으로 돌아왔고, 해방되었습니다. 그 일 이후로, 저는 축사를 할 때마다 강한 의분과 용기를 계속해서 느낍니다. 하나님께서 저에게 그 일 이후로 더 많은 축사 사례들을 경험하게 하신 것은 우연이 아닙니다.

• **귀신은 우리 삶에서 죄의 영역을 통해 들어올 수 있다.**

귀신은 어떻게 사람 안에 들어갈까요? 그것들은 한 개인의 삶에서 죄와 약점으로 인한 취약함을 통해 들어갈 수 있습니다. 우리가 거짓말을 하고 무언가를 과장할 때, 우리 자신에게 정직하지 않을 때, 그리고 두려움 때문에 문제를 회피할 때, 내 마음을 상하게 하거나 스트레스 주는 일을 마주하고 싶지 않을 때, 혹은 우리가 자존심이나 두려움 때문에 어떤 것에 대해 경쟁심을 갖고 비교하거나 욕정을 가질 때, 혹은 포르노, 도박, 알코올 중독과 같이 거룩하지 않은 것들로 도피하려고 결정할 때, 그리고 나 자신뿐만 아니라 다른 사람을 미워하고 용서하지 않을 때, 우리는 귀신에게 억압받고, 심지어는 귀신 들림에 취약해집니다.

귀신은 이미 특정한 죄에 취약해져 있는 사람에게 들어갈 수 있습니다. 한 때, 무신론자들이 복음을 받아들일 수 있도록 좋은 영향을 미쳤던 한 유명한 기독교 변증론자가 있었고 저 또한 그를 존경했던 적이 있는데, 그 사람이 오랫동안 남몰래 성범죄를 저질러 왔던 사실이 온 세상에 드러나면서 주님 영광을 가리고, 기독교뿐만 아니라 세상 사람들에게도 큰 충격을 주었던 사건을 생각하면 저는 아직도 마음이 슬픕니다. 우리가 약한 영역에서 계속해서 죄를 짓게 되면, 그것은 마귀의 견고한 진이 되어 더 이상 우리가 그것을 통제할 수 없고 오히려 그것에 의해 우리가 통제받게 됩니다. 앞서 말씀드렸던 것처럼, 우리 안에 그리스도가 계실 때, 성령님께서 우리의 영혼을 채우고 계시기 때문에 악한 영이 우리의 영 안으로는 들어올 수 없다고 저는 믿습니다. 그러나 그리스도인이라 하더라도 죄 때문에 마음과 정신, 그리고 다른 어떤 부분에 귀신이 들릴 수는 있습니다.

그 밖에도 조상들이 마귀와 계약을 맺었거나 가족들을 제물로 바치면서 만들어진 가계적인 저주 같은 것들이 있고, 가계를 통해 특정한 마귀의 거점들이 유전되며, 이는 그 사람을 특정한 죄에 취약하게 만들어 쉽게 귀신 들리게 만듭니다. 여러 문화 가운데, 어떤 사람에게 악감정을 가진 사람이 상대에게 저주를 거는 것은 마녀나 귀신, 혹은 무당 의식을 통해 여전히 행해지고 있습니다. 제가 귀신 들림에 대한 축사 사역을 해 온 지난 많은 세월 동안 경험한 일로, 내담자 중 많은 사람이 다른 사람에게 질투나 원한을 산 적이 있었고, 그럴 때 누군가 자신을 저주했다는 느낌을 받으면, 그때부터 자신에게 귀신 들린 현상이 나타나기 시작했다고 합니다.

- 영적인 공격

우리는 신체적으로 뿐만 아니라 영적으로도 공격을 받을 수 있습니다. 제가 남편과 교회 개척을 처음 시작했을 때가 기억납니다. 매주 일요일 아침, 한동안 저는 침대에서 일어날 수 없을 만큼 매우 힘들고 육체적으로 눌림을 받는, 심한 영적인 공격을 받았습니다. 제가 내적 치유를 받고 이 사역을 본격적으로 시작했을 때도 공격받았습니다. 어느 날 길을 걷는데 한 사람이 제게 다가와 "사탄은 널 미워해"라고 말했습니다. 또 어느 때인지 스파에 들렀던 날, 귀신 들린 여자가 저를 보고 몸에 피가 묻었다면서 소리 지르기 시작했습니다. 이후에 제가 묵상 가운데 깨달은 것은, 그 여자에게 들렸던 귀신이 저를 덮고 있던 예수님의 보혈을 영적인 눈으로 볼 수 있었기 때문에 저를 두려워했다는 것입니다. 중요한 집회나 사역 직전에 저는 무거운 눌림과 혼돈의 느낌을 경험할 때가 많았습니다. 위대한 승리나 돌파 후에도 사탄은 우리의 마음을 공격하는데, 우리에게 낙심이나 정죄의 생각을 집어넣으려고 합니다. 사탄은 우리의 약점을 잘 알고 있고, 영적인 공격을 받을 때 이 약한 영역이 확장됩니다.

영적인 공격을 받을 때, 사탄이 공격할 틈이 우리 마음 가운데 분명히 있기 때문인데, 그것은 바로 두려움이나 약점입니다. 예수님께서 베드로를 돌아보시며 이렇게 말씀하셨던 때를 생각해 봅시다. "사탄아, 내 뒤로 물러가라. 너는 나를 넘어지게 하는 자로다. 네가 하나님의 일을 생각하지 아니하고 도리어 사람의 일을 생각하는도다." 베드로는 하나님과 친밀한 관계를 맺고 있었지만, 그에게는 거짓된 부분이 있었고, 그것은 하나님과는 아무 상관 없이 베드로 자신이 돋보이기를 원하는 마음이었습니다. 예수님께서 베드로의 마음속을 꿰뚫어 보시고 지적하신 것이었습니다. 성령님께 거짓말을 한 부부 아나니아와

삽비라의 경우를 기억하나요? 사도행전 5장 3~4절 내용입니다. "베드로가 이르되 아나니아야 어찌하여 사탄이 네 마음에 가득하여 네가 성령을 속이고 땅값 얼마를 감추었느냐 땅이 그대로 있을 때에는 네 땅이 아니며 판 후에도 네 마음대로 할 수가 없더냐 어찌하여 이 일에 네 마음에 두었느냐 사람에게 거짓말한 것이 아니요 하나님께로다" 이것은 두려운 이야기입니다. 왜냐하면 베드로가 지적했듯이, 그들은 하나님께 바치기 위해 재산을 팔 필요가 없었지만, 그렇게 했습니다. 그러나 그들의 마음과 정신에 빈틈이 있었고, 그것은 성령님께 거짓말하게 만드는 사탄의 빌미가 되었습니다. 그 부부는 그들의 혼이 떠나가는 것으로 합당한 벌을 받았는데, 이것은 창세기에 나타나 있듯이, 사탄은 처음부터 죄로 끌어들일 사람을 찾고 있기 때문입니다. 지난 수년간의 사역을 통해 제가 깨달은 것은 이것입니다. 영적인 공격에 대항하여 싸우는 가장 좋은 방법은, 가만히 서서 성령님과 하나님의 말씀의 약속,

즉 공격하는 무기인 말씀의 검이 주님의 나라를 위해 직접 싸우시도록 내가 허락하는 것입니다.

내적 치유와 귀신 들림의 관계는 쓰레기와 쥐의 관계와도 같습니다. 쓰레기가 있으면 쥐가 모이는 것처럼, 죄가 있는 곳에 마귀도 있으므로 죄와의 단절을 선포하는 것이 내적 치유 과정에 가장 먼저 필요합니다.

• **저주 때문에 귀신이 붙을 수 있다.**

저는 이것을 반복해서 경험했습니다. 동남아시아, 아프리카 또는 동유럽 국가들과 같은 지역의 특정 문화 속 저주에 관한 것들이 널리 퍼져 있고, 이곳 서양에서도 의외로 많이 있습니다. 다음은 저주 때문에 일어난 귀신 들림의 사례들입니다.

• **팸의 이야기: 귀신이 달라붙음**

마귀는 외부에서 사람에게 영향을 미치고 공격할 수

있습니다. 팸과 함께한 내적 치유 상담의 사례는 그런 일의 실례입니다. 팸은 밤중에 자꾸 어떤 소녀의 모습을 보게 되어 괴롭다고 제게 어려움을 토로했습니다. 우리가 기도를 시작했을 때, 한 달 전에 아프리카의 작은 마을로 팸이 단기 선교를 갔을 때 이 일이 시작되었다는 것을 성령님께서 깨닫게 해 주셨습니다. 마을 사람들은 한 귀신 들린 여자를 선교팀에 알려 왔고, 그 여자를 위해 축사 기도를 해 달라고 요청했습니다. 팸은 축사 기도의 경험이 없었고 극도로 두려웠지만, 팀의 리더였기 때문에 그 여자를 위해 손을 얹고 기도하기 시작했습니다. 집으로 돌아온 후, 팸은 밤에 환영을 보기 시작했습니다. 우리가 기도하자, 소녀는 마귀에게 속한 영이고 어떤 특정한 이름으로 불러야 한다는 것을 성령님께서 제게 알려 주셨습니다. 팸은 마을의 귀신 들린 소녀가 '에밀리'로 불렸다는 것을 즉시 기억했습니다. 우리는 에밀리라고 불리는 악한 영을 쫓아냈고 팸은 자유로와졌습니다. 악한 영이 자신을 떠나는 것을 팸도

느낄 수 있었습니다. 팸은 더 이상 밤에 이런 환영을 보지
않았습니다.

- 사라의 이야기: 마녀 의사의 저주와 거절감

어떤 경우는 사람 속에 귀신이 들어 있을 수도
있습니다. 제가 카자흐스탄에서 만난 사라를 위해 기도해
주었을 때, 귀신이 드러나기 시작했습니다. 사라는 마구
울기 시작했는데, 저는 무슨 일인지는 아직 몰랐지만,
어떤 악한 영이든 사라에게서 떠나가라고 말했습니다.
사라는 좀 진정이 되었지만 계속 울면서, 지나온 삶에
대한 이야기를 제게 들려주었습니다. 사라가 태어날
때 그 마을에 사라 엄마의 출산을 도와준 마녀 의사가
있었다고 합니다. 그 여자는 사라가 저주를 받고 죽을
것이기 때문에 이름을 절대로 지어주지 말라고 했습니다.
사라의 부모님은 가난했고, 이미 많은 딸이 있는데 아들이
없었기 때문에, 사라는 그야말로 이름도 없이 버려진 채로

자랐습니다. 사라는 어떻게든 살아남으려고 발버둥을 쳤는데, 그러다 결국 매춘부가 되고 나중에는 노숙자가 되었습니다. 그러던 어느 날 사라는 복음을 듣게 되고 하나님을 사랑하게 되었습니다. 사라의 삶은 놀랍게 변했습니다. 교회 성도들의 도움을 받아 회복의 길을 갔습니다. 그러나 여전히 설명할 수 없는 고통이 사라의 온몸에서 느껴졌고, 심령 깊은 곳에도 고통이 있었습니다. 우리는 기도를 계속했고, 성령님께서 사라에게 이름을 주시려는 마음을 제게도 알려주셨습니다. 저는 사라에게 "하나님께서 당신에게 이름을 주려 하십니다. 어떤 이름일 것 같나요?"라고 물었습니다. 우리는 기도했고 그녀는 "사라"라고 답했습니다. 저는 그것이 '공주'라는 뜻의 단어라고 알려줬습니다. 그리스도 안에서 새로운 정체성을 위한 새로운 이름을 하나님께서 그녀에게 주고 싶어 하신 것입니다. 사라는 이제 하나님의 가족이요 상속자에 속했습니다. 이것을 안 사라는 소리치며 감사했습니다.

저는 축사 기도를 시작했습니다. 마녀 의사의 저주로부터의 축사, 태어났을 때 부모에게 받은 거절과 이후 다른 많은 거절에 대한 축사, 그리고 사라 자신과 몸에 대한 증오와 혐오에 대한 축사 기도를 했습니다. 그때 저는 할렐루야를 부르는 천사들의 합창 소리를 듣던 것을 아직도 기억합니다. 사라에게 네 가지 기적이 일어났습니다. 그리스도를 받아들이면서 새로운 삶과 구원을 얻었고, 새로운 이름과 정체성을 주님께 받았으며, 고통스러웠던 과거를 하나님께서 치유하시도록 의지적으로 내어드림으로써 영혼의 깊은 치유를 받았습니다. 마지막으로 생각과 몸에 살던 악한 영으로부터 구원되고 해방되었습니다. 사라의 경우에 큰 저항 없이 악한 영이 떠나갔는데, 내적 치유를 통해, 그리스도와 함께 하나님의 상속자로서 모든 권세를 부여받은 사람이라는, 새로운 이름과 정체성을 갖게 되었기 때문입니다. 할렐루야!

- 크리스틴의 이야기 : 시아버지의 저주와 귀신 들림

　남편과 저는 부흥회를 인도하기 위해 콜로라도를 여행하면서 그 주에 있는 몇몇 교회들을 방문했습니다. 그러던 중 크리스틴을 만났습니다. 우리가 방문했던 교회 중 한 교회의 예배팀이었습니다. 크리스틴은 최근에 결혼했는데, 남편과 함께 교회에서 봉사하고 있었습니다. 크리스틴은 제게 만나자고 간청했고, 그녀의 집으로 저와 남편을 초대했습니다. 그리고 자신들을 위해 기도해 달라고 요청했습니다. 그런데 우리가 그 집을 방문해서 기도하기 위해 앉자마자, 그녀의 태도가 갑자기 바 뀌면서 "나는 기도하고 싶지 않아. 당신들이 여기 있는게 싫어"라고 말하며 귀신 들림 현상이 나타나기 시작했습니다. 크리스틴은 계속 한쪽으로 쓰러졌고, 눈이 빨갛게 변하고 있었습니다. 우리가 귀신 들림을 다루고 있다는 걸 깨달았습니다. 처음에는 그녀에게 말을 걸기 위해 시도했지만, 그녀는 이미 귀신 들림 현상이 심하게 드러나고 있었습니다. 그녀는 계속 한쪽으로 쓰러졌고 목소리가 변하며 목 주위의 피부가 빨갛게 되었습니다. 이럴 때는 내적 치유 기도를 할 수 없고 곧장 축사 기도를 시작해야 합니다.

얼마 후, 저는 크리스틴과 다시 이야기를 나눌 수 있었습니다. 크리스틴은 많이 울면서 2주 전에 시아버지가 목을 매 자살했는데 이후부터 이런 증상들이 시작됐다고 했습니다. 시아버지는 죽기 전날 밤, 절대 가족의 일원이 되지 못할 것이라고 크리스틴을 저주했다고 합니다. 크리스틴의 부모도, 남편의 부모도 둘의 결혼을 축복하지 않았다면서, 이제 남편과 이혼하고 이 상황에서 벗어나고 싶다고 말했습니다. 크리스틴과 가정을 파괴하려는, 크리스틴 내면의 목소리에서 이 생각이 나오고 있음을 저는 곧 감지했습니다. 귀신에 사로잡혔던 시아버지가 크리스틴을 저주하자, 악한 영이 크리스틴에게 들어간 것입니다. 자기 자신과 결혼에 대해 느꼈던 두려움과 회의감,

홀로 참고 견뎌야 했던 시아버지와의 모든 고통스러운 충돌이 크리스틴을 저주에 약한 상태로 몰고 갔습니다.

내적 치유와 축사를 통해, 자기 생각과 원수의 생각을 분별하도록 크리스틴에게 알려주었습니다. 특별히, 원수에게서 오는 생각은, 매우 운명론적이고 파괴적인 생각이기에 더욱 분별해 낼 필요가 있습니다. 마침내, 크리스틴은 예수님을 초대하고 진리와 축복의 말씀을 들을 만큼 자유로워졌습니다. 원수의 모든 거짓말을 진리로 드러내며 악한 영의 속박을 끊는 축사 기도를, 우리는 계속했습니다. 원수가 심어준 생각으로 인해, 너무나 짙은 어둠과 고통의 터널 가운데 홀로 몸부림쳤던 크리스틴은 기적과 같이 해방되었습니다. 크리스틴과 남편의 결혼 생활이 양가의 축복을 받지 못한 만큼 교회 장로들이 와서 새로 축복해 줘야 한다는 생각도 새롭게 들었습니다. 바로 그 주일에, 교회 장로들과 목회자들이 부부를 둘러싸고, 그리스도 안에서 함께 그들의 결혼을 축복하고 기도해 주는 일이 정말 일어났습니다. 그날이 마치 부부의 진짜 결혼식 날처럼 느껴졌습니다!

그렇다면, 축사 기도는 어떻게 진행해야 할까요?

- 축사 기도

어떤 사람이 숨막혀 하거나 몸부림치면서 완전히 귀신 들린 상태가 드러나는 상황이든지, 혹은 내적 치유 상담 중에 통제가 가능한 귀신 들림 현상이 나타나든지, 우리는 이것을 명심해야 합니다. 악한 영들이 가진 최고의 무기는 우리가 어둠 속에 계속 머물러 있는 것입니다. 귀신의 정체를 파악하지 못하는 것, 귀신이 그 사람 속에 들어와 있는 숨겨진 이유를 알지 못하는 것은 우리를 어둠 속에 계속 머무르게 합니다. 그래서 우리는 내담자에게 이런 질문들을 하기 원합니다. 우리도 또한 이 질문들을 염두에 둔 상태에서, 내담자 안에 있는 귀신의 존재에 대한 의식 수준을 파악해야 합니다.

1. 기본적인 법칙을 정합니다: 내담자가 말하는 것을 방해하지 못하도록 악한 영에게 명령합니다.

2. 귀신을 불러냅니다: 귀신에게 직접 말 걸지 않고, 귀신 들린 사람에게 질문합니다.

3. 어떻게 들어갔는지 파악합니다: 가계를 통해서, 아니면 누군가의 초대 혹은 저주에 의해서?

4. 그 영들이 그곳에 있을 수 있는 권리를 누가 혹은 무엇이 주었는지 파악합니다: 귀신의 입장에서 주장하는 합법적인 측면은 무엇인가?

5. 귀신이 하는 일이 무엇인지 파악합니다.

예: 미움의 영, 용서하지 않는 영, 저주의 영, 질투의 영, 정욕의 영, 사교(오컬트)의 영, 탐욕의 영, 거절의 영 등. 내담자의 말을 잘 듣되, 악한 영들이 강하게 저항한다면 내적 치유 단계로 가서 내담자의 아픈 과거의 기억에 대해 물어봅니다. 내담자가 확실하게 대답하지 못하면, 그 사람

안에 강하게 붙어 있는 것에 대해 성령님께서 직접 알려 주시기를 간구합니다. 두 방법 모두 성공하지 못하면 축사 기도합니다: "예수님의 이름으로 내가 명령한다. 분노의 영, 용서하지 않는 영, 저주하는 영, 너희들은 (누구)에게서 나와서 예수님의 발아래로 떠나가라"라고 기도합니다.

찰스 크래프트 박사의 인간과 영적 세계의 상호작용

구원과 치유 사역을 통해 하나님 나라를 확장해 갈 때마다 우리는 영적 전쟁을 치릅니다. 이것은 놀라운 일이 아니고 내적 치유의 일부입니다. 영적 전쟁이 일어나고 있다는 것을 우리가 알 수 있는데, 신체적으로 드러나는 현상을 통해 마귀가 저항하는 것을 볼 수 있기 때문입니다. 그러나 우리가 외적으로 볼 수 있는 것보다 더 큰 전쟁은 사람의 마음속에서 일어나고, 성경에 이것에 대한 많은 경계와 명령이 있음을 알 수 있습니다.

고린도후서 10:5 "하나님 아는 것을 대적하여 높아진 것을 다 무너뜨리고 모든 생각을 사로잡아 그리스도에게 복종하게 하니."

로마서 12:2 "너희는 이 세대를 본받지 말고 오직 마음을 새롭게 함으로 변화를 받아 하나님의 선하시고 기뻐하시고 온전하신 뜻이 무엇인지 분별하도록 하라."

에베소서 6:12 "우리의 씨름은 혈과 육을 상대하는 것이 아니요 통치자들과 권세들과 이 어둠의 세상 주관자들과 하늘에 있는 악의 영들을 상대함이라."

물론 사탄은, 우리의 믿음 체계가 우리 삶의 궤적을 결정할 것을 알기에 우리의 마음을 공격합니다. 그리고 다양한 영역에서 공격합니다. 인간 영의 상호작용과 이것을 지배하는 영적인 법칙을 찰스 크래프트 박사가 우리에게 쉽게 설명해 주고 있습니다. 아래에 이러한 원칙을 요약한 후, 제 견해를 추가적으로 제시하겠습니다.

1. 두 "제공자", 하나님과 사탄, 그러나 이 둘은 동등하지 않다. (CK)

그렇습니다. 스타워즈 영화와 달리, 선과 악은 같은 근원에 있지 않습니다. 하나님은 창조주이시고 사탄은 피조물이기 때문에, 하나님의 나라와 사탄의 나라는 같은 힘을 가질 수 없습니다.

2. 인간-영혼-세계 관계를 지배하는 원칙은 두 왕국 모두 본질적으로는 같은 것으로 보인다. 우리는 두 왕국의 단계 모두에서 원인을 분석해야 한다. (CK)

물리적인 법칙이 있듯 영적인 법칙이 있고, 이러한 원칙은 두 왕국 모두 같이 적용되는 것으로 보입니다. 인간의 죄에 대한 영적 보응의 법칙은 예수님의 십자가 생명으로 온전히 치러져야 했습니다. 이 영적인 법칙들은 사탄이 인간을 맘대로 조종하는 것 또한 막습니다. 사탄도 그 법칙들에 따라 제한되기 때문에 우리는 그것에 의해 보호받습니다.

3. 사탄은 자신의 한계를 넘어가도록 하나님께 허락을 받을 수 있다. 하나님 또는 사탄에 대한 인간의 충성과 복종을 통해 영적 존재들은 인간의 일에 다른 쪽보다 더 큰 권리를 얻을 수 있다. (CK)

우리는 이것을 욥기 1장 12절에서 발견할 수 있습니다. "여호와께서 사탄에게 이르시되 내가 그의 소유물을 다 네 손에 맡기노라 다만 그의 몸에는 네 손을 대지 말지니라. 사탄이 곧 여호와 앞에서 물러가니라." 이 부분에 대해서 우리가 완전히 이해하지는 못하지만, 성경에 의하면 이것은 사실입니다. 천사와 악마처럼 하나님과 사탄을 섬기는 영적 존재들이 있는데, 그들은 인간의 영역에 대해 매우 활동적이고 영향력이 있으며, 인간이 하나님이나 사탄, 누구에게 충성하는가에 따라 더 큰 힘을 얻을 수 있습니다.

이것이 우리가 주님께 찬양하며 예배와 기도를 드리는
이유입니다.

4. 하나님은 숨기지 않고 일하시고, 사탄은 속이면서 일한다.
   하나님은 그를 따르는 자들에게 자유를 주시지만, 사탄은
   그 추종자들을 포로 삼는다. 하나님은 성령님과 함께 그
   백성들 가운데 거하시고, 사탄은 오직 마귀와 함께한다.
   하나님은 진짜를 제공하시지만, 사탄은 가짜밖에 제공하지
   못한다. 사탄은 영혼에 의한 반응이 아니라 두려움에 의한
   반응을 일으킨다. (CK)

   우리는 종종 두려움에 반응할 때마다 깨닫지는 못하나,
그것은 하나님께서 우리에게 원하시는 것, 즉 성령에 의한
반응에 반대되는 것입니다. 성령님께서는 우리의 죄와
수치를 치유하시기 위해 드러내시고, 사탄은 비난하고
속이기 위해 드러냅니다. 사탄은 속이면서 일하기 때문에
때로 우리는 무엇이 옳은지 그른지 혼란스러워하지만,
그것이 누구로부터 온 일인지는, 삶의 열매와 결과를 보면
깨달을 수 있게 됩니다. 그러므로 우리가 내리는 크고 작은

결정 모두 먼저 기도를 통해 매일 주님께 가져가야 합니다.

5. 사탄은 하나님의 일들을 방해할 수 있다. (CK)

이것은 다니엘서 10장 12~13절에서 찾을 수 있습니다. "그가 내게 이르되 다니엘아 두려워하지 말라 네가 깨달으려 하여 네 하나님 앞에 스스로 겸비하게 하기로 결심하던 첫날부터 네 말이 응답 받았으므로 내가 네 말로 말미암아 왔느니라. 그런데 바사 왕국의 군주가 이십일 일 동안 나를 막았으므로 내가 거기 바사 왕국의 왕들과 함께 머물러 있더니 가장 높은 군주 중 하나인 미가엘이 와서 나를 도와주므로." 이 본문에서 은혜가 되는 것은 사탄이 하나님의 일을 방해했음에도 하나님께서 다니엘의 중보에 응답하셨고, 또한 강력한 도움을 주셨다는 것입니다. 다니엘서 10장 2절: "그때에 나 다니엘이 세 이레 동안을 슬퍼하며" 제 삶에서 영적 전쟁이 격렬하다고 느낄 때마다, 저는 하나님께서 언제나 악을 넉넉히 이기신다는 진리를 단단히 붙잡습니다. 시편 기자는 시편 121편 1~2절에서 말합니다. "내가 산을 향하여 눈을 들리라 나의 도움이 어디서 올까. 나의 도움은 천지를 지으신 여호와에게서로다." 우리는 그리스도께서 다시 오실 때까지 전투를 지속해야 할지 모릅니다. 그러나 이미 하나님의 나라가 이긴 전쟁입니다.

6. 사탄을 포함한 천사들은 창조 질서상 인간보다 아래에 있지만 사탄은 아담으로부터 피조물에 대한 권세를 얻었다. 영적인 세계는 권위적인 질서에 따라 인간의 세계 안에서 작용한다. (CK)

이것은 첫째 아담의 타락 때문이지만, 둘째 아담, 곧 예수 그리스도 덕분에 우리의 자리를 되찾았고, 예수님의 이름으로 우리가 마귀를 쫓아내고 병자를 치유할 수 있는 권세를 얻었습니다. 기독교인들이 천사와 악마보다 위에 있는 우리의 지위를, 주님께서 주신 권위의 순서대로 완전히 이해한다면, 우리는 진정으로 강력한 삶을 살 수 있습니다.

또한 영적인 세계가 국가와 공동체의 지도자, 부모와 목회자처럼 인간 세계 속에 있는 권위들을 인정하고 있음을 받아들여야 합니다. 바울은 디모데전서 2장 1~2절에 이렇게 쓰고 있습니다. "그러므로 내가 첫째로 권하노니 모든 사람을 위하여 간구와 기도와 도고와 감사를 하되, 임금들과 높은 지위에 있는 모든 사람을 위하여 하라. 이는 우리가 모든 경건과 단정함으로 고요하고 평안한 생활을 하려 함이라."

7. 인간의 영역에서 하나님과 사탄이 할 수 있는 일에는 일정한 한계가 있는데 그것은 인간으로부터 받는 협조와 관련이 있다. (CK)

이것은 마태복음 13:57~58에 잘 나와 있습니다. "예수를 배척한지라. 예수께서 그들에게 말씀하시되 선지자가 자기 고향과 자기 집 외에서는 존경을 받지 않음이 없느니라 하시고, 그들이 믿지 않음으로 말미암아 거기서 많은 능력을 행하지 아니하시니라."

8. 하나님과 사탄은 능력으로 사람이나 장소, 사물에 소유권을 가질 수 있다. 임파테이션이나 제사, 예배, 기도와 같은 의식들은 특히 하나님이나 사탄이 역사할 수 있게 하는 것으로 보인다. 하나님이나 사탄의 권세를 가지고 하는 말은 능력이 있다. 다른 비물질적인 문화 형태도 능력을 받을 수 있다. 물질적인 물건도 영적 존재에게 바쳐질 수 있다. (CK)

성경은 우리에게 쉬지 말고 기도하고, 모두를 위해 중보하라고 독려합니다. 우리의 기도와 예배를 통해 하나님의 선하신 뜻이 땅에서 이루어지며 하나님께서 역사하실 수 있도록 돕기 때문입니다. 우리, 그분의 자녀들은 또한 하나님의 뜻을 따르고 실행할 수 있도록 성령님께서 능력을 주십니다. 사탄도 하나님을 모방하여 그의 추종자들이 이렇게 하기를 원하여, 추종자들이 사탄의 뜻을 행하며, 의식을 행하고, 희생 제물을 바치고, 사탄을 숭배할 때 추종자들에게 능력을 줍니다. 우상에게 제물을 바치는 행위는 고대부터 있었으며, 그것은 하나님께서 세상 나라들의 죄를 심판하시도록 심판 날을 재촉합니다.

9. 이처럼 한 세대가 한 헌신의 언약은 그 후손에게 전해질 수 있다. (CK)

제 경험에 의하면, 어떤 사람들의 경우에 조상들이 의도적으로 가족 가운데 악령들을 초대하는 오컬트나 우상숭배에 빠졌던 적이 꽤 많이 있었습니다. 그 조상들은 무속적인 의식이나 희생제물을 바치는 방식으로 가족 안에 악령을 들여온 것인데, 이런 사람들이 자기 자신뿐 아니라 가족과 후손들에 이르기까지 삶 가운데 엄청난 고통을 가져왔습니다. 바로 이런 많은 사례 때문에, 우리가 내적 치유에서 가계 치유를 다루는 것입니다. 우리는 부모님과 조상으로부터 특정한 성향과 죄의 패턴을 물려받을 수 있기 때문입니다.

10. 어떤 조직이나 기관, 사회 운동 등을 담당하는 우주적 수준의 영들이 있는 것 같고, 또 건물들도 영적인 힘에 소유될 수 있는 것 같다. 영적인 힘에 부여된 권리는 소유지와 지역까지 확장된다. 영적 존재가 지역과 조직에 대한 권한을 갖기 위해서는 죄를 통해 합법적 권리를 가져야 한다. 지역에 대한 헌정의 효력을 끊는 법칙은 개인 헌신의 효력을 끊는 법칙과 같다. (CK)

하나님께 대하여 거룩하고 성스러운 특정 장소와 사물이 있으며, 성막과 성전, 법궤 등에 하나님의 임재와 능력이 거하신다고 성경은 매우 명확하게 밝히고 있습니다. 한편, 국가와 조직을 담당하는 우주적 수준의 영들이 있습니다. 다니엘서에서 보면, 한 천사가 다니엘에게 말하기를, 자신이 다니엘에게 보내심을 받았고, 그를 막아섰던 페르시아의 왕이라고 불리는 악한 힘이 있었다고 했습니다. "... 네가 간구하는 말에 응답하려고 내가 왔다. 그러나 바사 왕국의 군주가 이십일 일 동안 내 앞을 막았다. 내가 바사에 홀로 남아 있었으므로, 천사장 가운데 하나인 미가엘이 나를 도와주었다." (다니엘서 10 : 12b~13)

저와 동역자들이 캄보디아에서 선교 활동을 하던 초기에, 주님께서는 우리에게 많은 격려와 이적과 기사를 보게 하셨습니다. 현지 기독교인들과 선교사들이 작은 마을을 돌며 함께 기도 행진을 하는 동안, 주님께서 우리에게 "영적 분별을 위한 기도"를 하라고 말씀하시는 것을 느꼈습니다. 그 마을 출신의 기독교 지도자 중 한 명이 ,크메르 루즈 시절 많은 사람이 살해당했다고 알려진 장소의 죄를 인정하며 기도를 시작했습니다. 기도가 끝난 후에, 하루 종일 비 한 방울 내리지 않던 맑은 하늘에 갑자기 무지개가 나타났습니다. 우리는 모두 하나님의 임재를 함께 느끼며 경외심과 기쁨을 느꼈습니다. 하나님께서 우리의 중보를 받으셨으며, 살인죄의 권세가 끊어졌음을 우리에게 알려 주시는 사인을 주신 것이라고 느꼈고, 이 장소에서 다시는 그런 일이 일어나지 않으리라는 것을 알게 되었습니다. 그 후, 우리를 통해 주님께서 그 마을에 교회를 세워 주셨습니다.

XI. 결론

'살아있는 나무, 그리고 죽은 가지들'이라는 제목의
비유처럼, 하나님께서는, 우리를 위해 예비해 주신 놀라운
삶을 우리가 살기를 원하시고, 우리가 이 삶을 살아가는
데 방해가 되는 죽은 가지 또한 없애주기를 원하십니다.
내적 치유는 사실, 성화의 과정입니다. 성령님의 말씀에 귀
기울이도록 우리 자신의 의지로 제 자리를 찾아가는 것이며,
하나님께서 나의 내면의 삶에 치유와 자유를 주시도록, 이
또한 의지적으로 나 자신을 열어드리는 사역입니다. 이것은
우리 정체성의 모든 면과 우리 주변의 사람들에게 주님의
선함이 스며들게 합니다.

내적 치유는 다섯 가지 기본적인 과정을 가지는데, 다섯 가지 R에서 설명한 것과 같이 계시, 기억, 회개, 단절, 새롭게 됨의 과정입니다. 성령님께서 계시(Revelation)해 주심을 통해 자기중심적 이해가 아닌 '하나님 중심'으로 우리의 문제를 보게 되도록 먼저 하나님의 말씀을 듣습니다. 둘째, 우리가 과거에 경험한 것을 기억(Remember)하고 연결할 수 있도록 성령님께서 친히 도와주셔서, 우리가 가진 문제의 근원을 찾을 수 있게 해 주십니다. 셋째, 하나님께서는 회개(Repentance)의 방법으로 우리를 상처에서 풀어주시기에, 내 자신의 의가 아니라 주님의 용서와 의라는 집으로 돌아갈 수 있습니다. 그런 다음 우리가 이미 가지고 있는 예수님의 권세를 사용하여, 견고한 진에서 벌어지는 대적의 일을 끊고(Renounce), 어둠의 영역-감정 혹은 속박된 정신-에 그리스도의 빛이 임하시도록 받아들입니다. 마지막으로, 주님께서 우리의 약한 부분을 새롭게(Renew) 하시어 우리의 강점으로 바꾸어 주실 수 있도록 기도합니다. 하나님께서 우리의 성품을 거룩하게 하실 때, 분노는 열정으로 변할 것이고, 두려움은 중보로, 상처는 약자를 돕는 마음으로, 수치는 자비로 변하여 우리는 우리 삶 가운데 예수님의 빛을 발할 수 있게 됩니다. 고대하는 것은 이 땅에서의 충만하고 강력한 삶입니다.

이 책은 저의 이야기이기도 합니다. 제가 인생길을 여행해 오는 동안 하나님께서 저를 끊임없이 구속해 오신 이야기입니다. 살아있는 나무처럼 저도 잘 가꾸어진 정원에서 풍성한 삶을 살고 있지만, 하나님은 제 안에 있는 죽은 가지들을 계속 잘라내시는데, 제 삶의 계절마다 좋은 열매를 맺지 못하는 가지들입니다. 주님께서는 저의 가장 깊은 부분을 알고 계시기 때문에, 저의 고통과 불안들, 그리고 조상들의 죄악으로부터 비롯되어 제가 태어나기 전부터 미리 정해져 있는 것처럼 보이는 죄의 성향들까지도 알고 계십니다. 하나님께서 이것들로부터 저를 해방해 주셨으며, 놀랍게 치유하시고, 게다가 제 약점을 강점으로 바꾸시고, 저의 수치스럽던 영역으로 이 내적 치유 사역을 하도록 만드셨습니다. 제게 상처이고 고통의 문제였던 것은 제가 상처받은 사람들에게 깊은 공감을 가질 수 있게 해 주었고, 잦은 공상에 빠져들던 성향은 내적 치유 사역을 받는 사람들에게 주님의 계시를 전달할 수 있는 비전을 볼 수 있게 해 주는 은사가 되었습니다. 이것은 예수님의 구속의 이야기입니다.

이 책의 많은 이야기에 등장하는 사람들은 비록 이름은 가명이지만, 제가 수년간 미주 지역에서 내적 치유 사역을 하고, 세계 각지에서 선교 활동을 하면서 직접 만났던 사람들입니다. 제가 독자 여러분에게 바라는 것은, 여러분의 삶에 이 사례들을 반영하여, 주님께서 주신 더 큰 자유를 추구하는 계기로 삼으라는 것입니다. 저는 베드로와 부활하신 예수님, 사마리아 여인의 이야기 같은 성경 이야기도 포함했습니다. 그래서 성경에 내적 치유라는 단어가 특별히 언급되지는 않지만, 예수님께서 그들을 정죄하지 않으시고 오히려 그들이 죄를 직면할 수 있도록 도와주셨고, 용서하셨을 뿐 아니라 치유를 주시고, 주님께서 부르신대로의 정체성을 회복할 계기를 주셨다는 것을 알 수 있습니다.

내적 치유 사역을 전인적 사역의 맥락에 두는 것이 중요하다고 저는 생각합니다. 따라서 전인적으로 영향을 미치는 신학적, 성경적, 심리적 측면을 모두 이해하는 것이 중요합니다. 사람을 치유하는 것은 내적 치유 사역이 아니라, 온전히 치유하시는 하나님이시라는 것도 말씀드리고 싶습니다. 내적 치유 단계는 매번 효과가 있는 정해진 공식 같은 것이 아니라, 두 사람이 함께 춤출 때의 스텝과도 같습니다. 이 스텝을 따라가면 지침이 되고, 자유롭고 창조적인 사역이 될 수 있도록 성령님께서 힘을 주십니다. 제가 상담했던 많은 사람은 상담이 시작되기도 전에 이미 마음의 감동을 경험했다고 말했습니다. 하나님께서 말씀해 주시기를 기대하며 우리 자신을 듣는 자리에 위치시킬 때, 그 상담 시간에 주님의 선하심을 성령님을 통해 직접 우리에게 보여주신 것이라고 설명할 수밖에 없습니다. 내적 치유가 강력할 수밖에 없는 이유인데, 상담자와 내담자만이 아니라 진정한 상담자이신 성령 하나님께서 함께하시는 세 사람의 만남이기 때문입니다.

마지막으로 말씀드리고 싶은 것은 하나님께서 우리를 완전하고 빠르게 치유해 주시기를 바라는 만큼, 치유에는 하나님께서 정하신 시간의 법칙이 작용한다는 것을 우리가 이해해야 합니다. 우리가 치유의 시즌을 지날 때 이것을 알고 가는 일이 매우 중요하게 작용합니다. 우리의 가장 중심되는 성격 가운데 우리의 자존심, 자기방어, 그리고 자기의와 같은 것들 위에 세워진 부분들이 있다는 것을, 누구보다 하나님께서 가장 잘 아시기 때문에, 이렇게 하신다고 저는 믿습니다. 우리 주님께서는 온유하신 하나님이시며, 우리의 자유 의지나 감당할 능력을 무시하지 않으십니다. 제가 누군가를 위해 기도할 때 그 사람의 일부인 큰 바위의 비전을 본 것을 기억합니다. 하나님께서 제게 알려주시길, 그 사람이 그동안 자신의 정체성이라고 믿어왔던 바위들을 주님께서 한꺼번에 모두 없애버리신다면, 그는 자신에게 아무것도 남지 않았다고 생각할 것이고, 그래서 갑자기 깊은 우울증에 빠질 수도 있다는 것이었습니다. 주님은 이토록 주님의 인자하심을 따라, 주님의 시간에 맞춰, 그 사람의 삶 가운데 특정한 시즌에 치유하십니다.

자신은 치유가 필요하지 않다고 생각하는 사람들이 있습니다. "나는 변할 수 없어, 이게 나야."라고 생각하기 때문입니다. 분노나 두려움, 상처의 문제 때문에 그들이 얼마나 큰 고통을 받았거나, 아니면 그들이 다른 사람들을 고통스럽게 했거나 상관없이 말입니다. 이 사람들의 생각은 이렇습니다: "내가 가진 건 자존심, 자신감뿐이다", "나를 중요한 사람이라고 느끼게 해 주기 때문에 나는 다른 사람보다 더 의로운 사람이어야 한다.", "나는 다른 사람들에게 나의 약점을 드러내면 안 된다. 그렇지 않으면 나는 아무것도 아닌 사람이 된다." 비록 그 사람이 하나님과 관계하고 있을지라도, 이런 생각들이 오히려 주님보다 더 그 사람 존재의 중심을 차지할 수 있습니다. 그러나 우리 주님께서는 끝까지 우리를 견뎌주시고 자녀들을 포기하지 않으십니다. 그러므로, 그러한 부분들에 대한 치유와 축사는 하나님의 때에 달려 있습니다. 내적 치유 사역자가 이러한 지식을 가지고 내적 치유를 섬기는 것은, 한 사람의 치유 결과에 대한 책임에서 벗어날 수 있게 해 주며, 오직 그 역할은, 성령님께서 직접 치유하실 수 있는 자리에 위치하도록 내담자를 돕는 것임을 알게 해 줍니다.

마지막으로, 독자 여러분에게 도움이 될 만한 부록과 참조를 책의 뒷부분에 포함했습니다. 여러분을 치유하시는 만남의 여정 가운데, 주님께서 친히 인도해 주시고, 이 책이 그 과정에 촉매제와 동반자가 되기를 기도합니다. 이사야서 55장 33절 말씀을 다시 한번 들려 드리고 싶습니다.

"너희는 귀를 기울이고 내게로 나아와 들으라 그리하면 너희의 영혼이 살리라." 여러분의 삶을 위해 하나님께서 뜻하시고 계획하신 뜻대로, 여러분이 그리스도의 충만함에 이르기까지, 성령님께서 여러분을 친히 인도해 주셔서, 여러분 각자 모두가 그리스도의 친밀하시고 한없이 크신 사랑을 경험하는 삶을 살기를 축복합니다.

죄와 연결된 부정적 감정	죄와 관련이 없는 부정적 감정
우울증: 자기 집착, 자기 연민, 포기. 다른 사람들에게 관심이 없음; 그러므로 다른 사람들을 위한 행동은 하지 않는다. 요나 4장	번뇌: 힘든 상황으로 인한 깊은 상처, 상실로 인한 감정적 고통. 문제가 증가함에 따라 오는 자기 분석적인 고뇌. 누가복음 22:44
치명적인 죄책감: 자신에 대해 무가치하게 느끼고 자기를 처벌하는 느낌. 이것은 문제를 바로잡기 위한 긍정적인 단계로 이어지지 않는다. 그러한 감정은 자주 핑계거리가 된다.	건설적인 슬픔: 악행에 대한 뉘우침과 슬픈 태도, 변화된 행동으로 이어짐. 고후 7:8~10
분함: 원한을 품는 것; 분노를 여러 날동안 내버려 두는 것; 복수심이 동기가 되는 행동.	분노: 도덕적 잘못에 대해 하나님의 거룩을 주장하며 죄를 책망하는 반응으로, 하나님의 거룩을 입증하고자 하며 죄인을 올바른 행동으로 변화시키고자 함. 마태복음 21:12~13

좌절: '노력해 봐야 무슨 소용이야'라는 태도로 손을 놓아 버림. 바꿔보려고 미친듯이 노력하다가 변하지 않는 문제에 대해 불같이 화를 냄.	불만족이 동기가 됨: 힘든 환경을 변화시켜 보려고 계획하며 하는 걱정, 또는 불가능하다고 판명됐을 때는, 하나님은 어떤 상황 가운데서도 역사하실 수 있다는 것을 앎으로 기쁘지 않은 문제를 수용하는 태도. 빌립보서 1:2
불안: 예상되는 미래에 대한 우려. 구체적이거나 모호하게 예견되는 불쾌한 사건이 행동을 통제할만큼 너무 강력함. 예)다른 사람의 반응에 대한 걱정에 사로잡히는 것.	우려: 하나님께 불순종하게 되는 것이 아니라 심사숙고하게 만드는, 벌어질 가능성이 있는 일에 대한 예상. 잠언 6:6~11

- **초대와 보호의 기도**

"주여, 주님께서 '제니'(내담자의 이름)를 이곳으로 불러 주셔서 감사드립니다. 오늘 제니에 대한 주님의 마음을 알게 해 주시고, 제니가 주님께 치유를 받을 수 있도록 도와주옵소서." "주여, 주님을 이곳에 초대합니다. 기도하는 동안 주님께서 함께 계심을 저희가 알게 하여 주옵소서."

"주님, 주님의 천사들을 보내 주시고 주님의 임재로 이곳을 덮어 지켜 주시옵소서. 저희의 가족, 사역, 직장, 소유들 주위에 보호의 울타리를 둘러 주시옵소서." (하나님의 보호가 필요하다고 느끼는 곳이라면 어디든지 위해서 기도한다.)

- **하나님께서 알려 주시기를 구하는 기도**

"주여, '제니'를 향한 주님의 마음이 무엇인지 알게 도와주세요. (내담자가 비전을 볼 수 있거나 내적 치유 경험이 있다면, 상담자는 특정한 생각이나 비전을 통해 하나님이 내담자에게 말씀하시기를 기도하며 기다린다.)

만약 내담자가 처음 내적 치유를 받는 사람이라면,

여러분은 이렇게 기도할 수 있습니다: "주여, 제니가 주님을 가장 가깝게 느꼈던 시간을 기억나게 해 주세요…" 그리고 기다립니다…(이때 상담자는 내담자가 하나님과 연결되도록 도와준다.)

내담자에게 다음과 같이 물어봅니다. "하나님이 뭐라고 말씀하시는 것 같으세요? (또는) 어떤 비전을 보았나요?" 또는, 하나님이 가장 가깝게 느껴졌던 때가 기억났나요? 그때에 대해 이야기해 줄 수 있나요?"

내담자가 하나님과 연결되는 것이 중요하기 때문에 "이 방에서 하나님의 임재가 느껴지시나요?"와 같은 질문을 할 수도 있습니다.

그리고 나서 그날 기도해야 할 문제 영역이 무엇인지 하나님께 계속해서 물어봅니다. "주님, 오늘 우리가 기도해야 할 것들이 무엇인지 우리에게 알려 주시겠어요?"

만약 내담자가 상담자에게 기도하고 싶은 것을 이미 공유했다면 다음 단계로 넘어갈 수 있습니다. 그렇지 않으면, 주께서 내담자에게 드러내시는 것을 이야기하게 하고, 상담자가 어떤 생각이나 비전이 떠올랐으면 내담자와 공유할 수 있지만, 상담자가 의견을 말하기 전에 항상 내담자가 먼저 나누도록 합니다.

- 기억을 위한 기도:

"주여, 제니가 최근 불안감을 느끼는 문제를 겪고 있는데, 이 불안감의 근본 원인이 무엇인지 우리에게 알려 주시겠어요? 그녀가 기억하기를 바라시는 과거의 기억이 있으세요?" (만약 내담자가 자신이 현재 겪고 있는 문제와 관련된 무언가를 기억하기 시작한다면, 상담자는 내담자가 기억에 대해 더 많이 이야기 하도록 하거나 그 기억에 대한 더 많은 정보를 요청할 수 있습니다. 이때, 상담자는 내담자가 현재 겪고 있는 문제와 근본적인 원인이 될 수 있는 것을 연결해 봅니다.)

만약 내담자가 기억이 나지 않는다거나 단서가 될만한 것을 찾지 못한다면, 상담자는 내담자의 불안의 근본 원인이 무엇에서 온다고 생각하는지에 대해 더 많은 질문을 할 수 있습니다. "언제부터 불안감을 느끼기 시작했나요? 불안감이 얼마나 심한가요? 당신은 언제 가장 불안한가요?" 등의 질문을 할 수 있습니다.

이 시점에서 대부분의 사람은 그들의 현재 문제를 과거와 연결할 수 있습니다. 그 문제들은 보통 어린 시절이나 트라우마로부터 오지만, 때로 불안이나 우울증과 같은 문제들은 그들이 기억할 수 있는 어떤 것에서도 기인하지 않을 수도 있습니다. 이럴 때, "당신은 항상 불안감의 문제가 있었나요?" 또는 "당신의 가족 중 다른 누군가도 불안감의 문제가 있나요?"와 같은 질문을 하는 것이 좋습니다. 그들은 "네, 저는 제가 기억하는 한 항상 불안했습니다," "우리 엄마도 불안의 문제가 있어요."와 같은 말을 할 수 있습니다.

만약 문제가 어린 시절이나 트라우마 때문이라면, 여러분은 이렇게 기도할 수 있습니다: "주님, 제니가 5살 정도였을 때로 돌아갈 수 있도록 도와주세요. 그녀의 부모님이 싸웠을 때를 기억할 수 있도록 도와주세요." 여러분은 내담자에게 그녀가 어린 소녀였을 때 어떻게 느꼈는지 물을 수 있습니다. 그녀는 무섭고 불안했다고 말할 수 있습니다. 내담자가 더 많이 기억하고 구체적으로 기억할수록, 자신의 과거와 더 많이 연결될 수 있고, 인식 수준에서만이 아니라 더 깊고 정서적인 수준에 까지 진정한 영향을 가질 수 있습니다.

- **예수님을 기억 속으로 초대하기**

우리는 예수님을 이 기억 속으로 초대할 수 있습니다: "주님, 제니에게 그때 주님이 어디에 계셨고 무엇을 하고 계셨는지 보게 해 주시겠습니까?" 기도 후, 내담자에게 예수님을 보거나 느끼는지 물어봅니다. 그들은 예수님이 방 안에 계신 것을 보고, 예수님이 나를 안고 계신다고 말할 수도 있고, 때로는 "예수님이 보이지 않지만, 그때 그분이 이웃을 보내 주셔서 필요한 도움을 받게 하신 것이 생각나요"라고 말할 수도 있습니다. 계속해서 이렇게 기도할 수 있습니다. "주님, 제니가 주님께서 그곳에 계셨다는 것을 알고 이 기억을 다시 대면하게 도와주세요." 예수님이 기억 속에 계셨다는 것을 알고나니 어떤 느낌이 드는지, 또는 도움이 필요할 때 주님께서 도와줄 사람을 보냈는지 물어봅니다. 내담자는 보통 새로운 관점을 갖게 되고 더 이상 두려움이나 불안을 느끼지 않을 수 있습니다.

- 회개의 기도

하나님께 고백하고 싶은 것이나 회개하고 싶은 것이 있는가? 내담자는 부모를 판단하고 비난했을 수도 있고, 그 일이 일어나게 한 것에 대해 하나님을 원망했을 수도 있고, 하나님께서 자신을 피하게 하시거나 보호할 것이라는 것이라는 것을 믿지 않았을 수 있습니다. 그들은 또한 다음과 같은 자기 정죄나 내적 맹세를 회개할 수 있습니다; 부모님이 항상 싸웠고 불행했기 때문에 나는 절대 결혼하지 않을 것이다, 또는 나는 절대 엄마처럼 되지 않을 것이다.

하나님의 용서와 자유를 경험하기 위해서는 이러한 것들이 해결되어야 합니다.

　내담자들은 이렇게 기도할 수 있습니다. "주님, 주님께서 그곳에 같이 계셨고 나는 혼자가 아니었던 것을 볼 수 있게 해 주셔서 감사합니다." 또는 "내가 도움이 필요할 때 도움을 보내 주셔서 감사합니다. 그리고 내가 부모님을 미워하고 하나님을 원망했던 것을 용서해 주시고, 내 자신을 정죄하고, 나는 절대 결혼하지 않을 것이라든지, 절대 엄마처럼 되지 않을 것이라고 말했던 것을 용서해 주세요."

- **단절의 기도**

　이제 내담자는 자신의 현재 문제와 연결되어 있는 근본적 원인과 과거의 상처로 돌아가서, 어떠한 견고한 진이라도 무너지기를 기도할 수 있습니다. 내담자는 이렇게 기도할 수 있습니다: "주님, 저는 불안하고 두려웠습니다. 그리고 그것은 제가 용서하지 않는 마음과 판단하는 쓴 뿌리를 제 마음에 들어오게 허락했기 때문이라는 것을 깨달았습니다. 저의 죄를 용서해 주셔서 감사합니다. 이제 제게 주신 권세로 명령합니다. 불안과 판단의 쓴 뿌리와 내적 맹세, 증오와 분노의 영은 예수의 이름으로 명하노니 내 안에서 나와서 예수님의 발밑으로 떠나갈지어다." (내담자는 언제든 이 기도를 단순화하고 똑같이 따라하지 않아도 되지만, 이 시점에서 예수의 이름으로 자신에게 주어진 권세를 사용하여, 자신에게 감정적 고통의 원인이 됐던 마귀의 영향력을 몰아내는 것이 중요하다. 만약 내담자가 단절의 기도를 해본 적이 없다면, 상담자가 그를 위해 기도해 줄 수 있다.)

- **회복의 기도**

단절의 기도가 끝난 후, 우리는 내담자에게 감사와 재헌신의 기도를 드리도록 요청하고, 기도로 내담자를 축복합니다: "주님, 제니를 자유롭게 해 주셔서 감사합니다. 저는 이제 염려의 영 대신 평안과 용기를, 판단의 쓴 뿌리 대신 용서와 겸손을, 증오와 분노 대신 사랑과 평화를 주시기를 구합니다."

- **마침 기도**

"주님, 드러나게 하시고 말씀하신 것들을 원수의 어떠한 반격에서도 지켜주시기를 기도합니다. 주님께서 덮어 보호하여 주시옵소서. 아버지 감사합니다.

1. 거절감, 어디에도 속하지 못한다는 생각:

나는 소속이 없다. 나는 항상 겉돌거나, 소외된다.

내 감정은 중요하게 여겨지지 않는다. 아무도 내 기분은 신경쓰지 않는다.

나는 항상 혼자이고 외로울 것이다. 내 인생에서 특별한 남자/여자는 내 곁에 없을 것이다.

내 약함이 드러나 상처받거나 거절받지 않도록 나는 내 자신을 고립시킬 것이다.

사람들은 나를 무시한다.

2. 무가치하다고 느낌, 죄책감, 수치심:

나는 하나님께 어떤 좋은 것도 받을 자격이 없다.

내가 문제다. 일이 잘못되면 다 내 탓이다.

나는 나쁜 사람이다. 당신이 나의 본모습을 안다면, 당신은 나를 좋아하지 않고 거절할 것이다.

사람들이 내가 얼마나 끔찍한지 알아내서 나를 거부하지 않도록 나는 가면을 꼭 써야 한다.

나는 너무 엉망이어서 하나님의 복을 놓쳤다.

3. 자신의 가치나 인정받기 위해 노력하는 것:

나는 결코 내가 한 일에 대해 전적인 인정은 받지 못할 것이다.

내 가치는 내가 하는 일에 달렸다. 나는 성공했기 때문에, 또는 다른 사람들에게 좋은 일을 하기 때문에 가치가 있다.

내가 최선을 다해도, 그것은 충분하지 않다.

나는 다른 사람들의 반감을 살 수 있는 갈등을 피하기 위해 수동적이 될 것이다.

우리 민족은 다른 모든 민족들보다 정말 우월하다.

4. 상처받지 않기 위해 통제해야 한다:

나는 내 삶을 매일 계획해야 한다. 나는 쉼없이 계획/전략을 세워야 한다. 긴장을 풀 수가 없다.

완벽한 삶은 하나의 갈등도 허용되지 않는 삶이므로, 그럴 때 평화가 있다.

사람들은 자신의 역할을 해야 한다. 그렇지 않으면, 그들은 가치가 없다.

5. 신체적 특성:

나는 매력이 없다. 하나님이 나를 불공평하게 만들었다.

나는 신체적인 장애가 있을 팔자다. 그것들은 내가 물려받은 것의 일부일 뿐이다.

살을 빼는 것(또는 살이 찌는 것)은 불가능하다. 나는 이렇게 살 수밖에 없다.

나는 여자/남자로서 자신이 없고 완전하지 못하다.

6. 개인 특성:

나는 항상; 화가 난다, 수줍다, 불안하다, 두렵다, 어색하다, 멍청하다, 어리숙하다, 무능하다.

나는 남자/여자로 태어났어야 했는데, 그랬으면 부모님이 나를 더 소중히 여기고 사랑하셨을 거다.

나는 절대로 진정한 나로서 알려지거나 감사받지 못할 것이다.

나는 절대로 변화할 수 없고 하나님이 원하시는 내가 될 수 없다.

내가 동양인/흑인/히스패닉/백인이 아니었다면, 삶이 더 나았을텐데.

7. 기타

나는 나의 가장 좋은 시절의 많은 시간과 에너지를 낭비했다.

혼란은 내게 일상이다. 나는 항상 위기 상황에 처해 있다고 느낀다.

나는 항상 재정의 문제를 겪을 것이다.

- 타인에 대한 경건하지 않은 믿음

1. 안전 및 보호:

내가 하는 모든 말은 나에게 불리하게 쓰일 수 있으니, 나는 말을 매우 조심해야 한다.

나는 내 감정을 지키고 숨겨야 한다. 나는 누구도 내 마음을 상하게 하거나 상처를 주었다는 것을 앎으로 만족감을 느끼게 둘 수 없다. 나는 약해지지도, 창피를 당하거나 수치를 당하지도 않을 것이다.

2. 보복:

누군가 나를 불쾌하게 만들면 거기에 대한 바른 대응은 그와 절교하거나 멀리함으로 벌하는 것이다.

누군가 내게 상처를 준다면, 나는 나 자신의 정당성을 입증해야 한다.

3. 피해 의식:

권위자들은 나를 모욕하고 함부로 다룰 것이다.

그들은 그냥 나를 이용하고 학대할 것이다.

나의 가치는 기본적으로 나에 대한 다른 사람들의 판단과 인식에 기반을 두고 있다.

나는 전적으로 그들의 권위 아래 있다. 나 스스로의 결정권이나 선택권이 없다.

나는 나와 가까운 사람들로부터 인정도, 이해도, 사랑도, 감사도 받지 못할 것이다.

나는 부당한 취급을 받았기 때문에 정당한 대우를 받을 자격이 있다.

나는 과거에 부당한 취급을 받았기 때문에 내가 해야할 일에 대해 더 여유를 부릴 자격이 있다.

4. 손상된 대인관계:

나는 절대로 사랑을 온전히 줄 수도, 받을 수도 없을 것이다. 나는 사랑이 무엇인지 모르겠다. 만약 내가 누군가를 가까이 오게 하면, 나는 다시 상처 받을지도 모른다. 위험을 감수할 수는 없다.

만약 내가 다른 사람을 기쁘게 해 주지 못하면, 그 사람은 나를 좋아하거나 받아주지 않을 것이다. 그러므로 나는 더욱 노력해야 한다. 나는 그를 기쁘게 만들기 위해 필요한 모든 것을 해야 한다.

5. 하나님:

하나님은 나보다 다른 사람을 더 사랑한다.

하나님은 오직 내가 하는 일로만 나를 가치 있게 생각하신다. 내 인생은 목적을 위한 수단일 뿐이다.

내가 아무리 노력해도 하나님을 기쁘게 할 수도, 잘할 수도 없을 것이다.

하나님은 내가 쉬고 있을 때 나를 판단하고 계신다. 나는 하나님의 일 때문에 바쁘게 지내야 한다. 그렇지 않으면 하나님은 나를 버릴 것이다.

하나님은 전에 나를 실망시켰다. 하나님은 또 그럴지도 모른다. 나는 하나님을 믿을 수도 없고 안정감을 느낄 수도 없다.

고린도전서 2:13 "우리가 이것을 말하거니와 사람의 지혜가 가르친 말로 아니하고 오직 성령께서 가르치신 것으로 하니 영적인 일은 영적인 것으로 분별하느니라."

- 듣는 기도의 유익

1. 하나님이 우리를 부르신 일에만 에너지를 쓸 수 있도록 돕는다. 우리는 듣는 것을 통해 하나님으로부터 계시를 받는다.

2. 우리의 영을 민감하게 만든다. 우리는 기도하면서 영적인 활동에 더 민감해진다.

3. 기도할 때 권세를 가질 수 있게 해 준다. 기도중에 권세를 행사하면서 그리스도 안에서 우리가 누구이고 무엇을 가지고 있는지 안다.

4. 하나님 말씀을 들으면서 하나님의 마음을 이해할 수 있게 됨에 따라 우리는 하나님과 훨씬 더 친밀해진다.

- 듣는 기도란 무엇인가?

듣는 기도는 양방향 소통 기도입니다. 이 기도는 우리가 하나님께 요청이나 탄원을 드린 후에 "듣는"것을 의미합니다. 우리는 하나님의 임재를 요청하고 성령께서 선한 응답을 주시도록 기대합니다. 그것은 주님이 주시는 내면의 소리나 확신입니다. 종종, 그림이나 환상으로 주어질 수도 있습니다.

성령께서 말씀하실 때, 그 계시는 단순하지만 매우 심오하여 우리의 문제로 인한 혼란을 없애줍니다.

예수님께서도 지식의 말씀을 활용하셨습니다. 예수님은 성령을 통해 사람들을 구속하는 진짜 문제들을 다루면서 사람들을 꿰뚫어 보고 아셨습니다.

예: 재물이 많은 청년 – 마가복음 10장 20절~22절; "그가 여짜오되 선생님이여 이것은 내가 어려서부터 다 지켰나이다. 예수께서 그를 보시고 사랑하사 이르시되 네게 아직도 한 가지 부족한 것이 있으니 가서 네게 있는 것을 다 팔아 가난한 자들에게 주라. 그리하면 하늘에서 보화가 네게 있으리라. 그리고 와서 나를 따르라 하시니 그 사람은 재물이 많은 고로 이 말씀으로 안히여 슬픈 기색을 띠고 근심하여 가니라."

예: 사마리아 여인 – 요한복음 4장 16절~18절; "이르시되 가서 네 남편을 불러 오라. 여자가 대답하여 이르되 나는 남편이 없나이다. 예수께서 이르시되 네가 남편이 없다 하는 말이

옳도다. 너에게 남편 다섯이 있었고, 지금 있는 자도 네 남편이 아니니 네 말이 참되도다."

예: 아브라함 – 창세기 15장 1절 "주님의 말씀이 환상 중에 아브람에게 임했다." 여기서 말씀과 환상은 상호 교환적으로 사용됐습니다.

한자 – 들을 청(聽): 듣는다는 것은 우리 신체의 귀로 듣는 것 이상 입니다.

듣는다는 것은 단순히 청각으로 듣는 것이 아님을, 고대에 만들어진 한자 청(聽)자가 듣는다는 것에 대해 아주 잘 묘사하고 있는데, 우리의 귀뿐만 아니라 우리의 눈, 마음, 그리고 분산되지 않은 집중을 사용하는 이타적 행동이라는 의미를 하나의 단어에 통합했습니다. 이것은 진정 '듣기'의 본질을 잘 포착한 것입니다.

- **능동적 경청 기술**

  내담자가 청자로서의 상담자에게 기대하는 것은 무엇인가?

  1. 지지와 인정

  2. 도움을 구하는 외침

  3. 용서를 바라는 마음

  4. 문제가 무엇인지 명확히 해줌

- **공감적 경청의 포함 요소**

  1. 사실

  2. 경험

  3. 해석

  4. 역할

  5. 인식 유형(부정, 편견 등)

6. 관심 및 포지션(자세)

7. 감정과 느낌

8. 소망하는 것들

9. 원하는 것들

10. 꿈과 비전

11. 두려움

12. 수치심과 굴욕

13. 가족 유형

14. 자존감

15. 속박(영적, 감정적, 신체적)

• **S-O-L-E-R 원칙**

S - Squarely 내담자에게 집중하는 자세를 취하면서 내담자를 정면으로 마주 합니다.

O - Open posture 상담자의 자세를 통해 상담자의 마음이 내담자를 향해 열려 있으며 내담자의 이야기를 들을 준비가

되어 있음을 전달할 수 있습니다.

L - Lean 상대에게 반응하고 있음을 나타내기 위해 내담자를 향해 몸을 기울입니다.

E - Eye Contact 내담자와 눈을 맞추는 것은 중요합니다. 하지만, 어떤 문화에서는 내담자의 나이가 더 많거나 지도적 위치에 있는 경우, 눈을 계속해서 맞추는 것이 무례한 행동일 수 있다는 것을 명심해야 합니다. 이러한 상황에서는 상담자의 관심이 내담자에게 집중되어 있음을 보여줄 수 있는 다른 방법들을 찾아야 합니다.

R - Relaxed 긴장을 풀고 자연스럽게 대합니다.

• 비밀 유지

내적 치유 상담은 강한 신뢰 관계 속에서 이루어지기 때문에 상담 진행에 있어서 일반적인 단계를 따르는 것이 가장 좋습니다. 구두로 시작하는 비공식적 상담 상황이거나 정식으로 동의서를 작성하고 하는 상담이거나 모두 내적 치유를 시작하기 전에 비밀 유지에 대한 부분을 알려야 합니다. 개인의 사례는 내적 치유를 받은 당사자의 사전 허락 없이 절대로 타인과 논의되어서는 안 됩니다.

단, 두 가지 경우, 즉 내담자 스스로나 타인에게 위해를 가할 가능성이나 계획이 감지되는 경우, 비밀 유지 원칙은 깨질 수 있습니다.

• **경계선**

경계를 정하는 것은 상담 시간은 물론 상담 관계에서도 중요합니다. 내담자가 의존적인 성향이 있거나 위기 상황에 있는 경우, 상담자에게 지나치게 의존하거나 기대감을 가질 때, 과도한 부담감 또는 건강하지 못한 유대를 유발할 수 있습니다. 교회에서나 비공식적인 내적 치유 사역 중에는 명확한 경계를 유지하기 쉽지 않지만, 사역을 시작하기 전에 경계를 설정하는 것이 중요합니다. 상담 시간 외에 따로 내담자를 사적으로 만나지 않는 것을 권합니다. 또한 연령대가 비슷한 이성의 내담자는 만나지 않는 것이 좋습니다. 여러분은 언제든 그들을 더 적합한 상담자에게 소개할 수 있습니다. 물론 예외는 있겠지만, 내담자와 상담자 모두에게 안전한 환경이 제공되도록 신중해야 합니다. 포옹이나 손을 얹는 것과 같은 신체적 접촉은 적절한 거리를 유지해야 하며 마귀에게 기회를 주지 않도록 온전히 순수해야 합니다.

참고문헌

Crabb, Larry 1977 Effective Biblical Counseling, Grand Rapids, Zondervan

Flynn, Mike and Doug Gregg 1993 Inner Healing, Downer Grove, Inter Varsity Press

Hickey, Marilyn 2000 Breaking Generational Curses, Tulsa, Harrison House, Inc.

Kraft, Charles H. 1997 I Give You Authority, South Bloomington, Chosen Books

Payne, Leanne 1999 Listening Prayer, Grand Rapids, Baker Books.

Sandford, John and Paula 1982 Transformation of the Inner Man, Tulsa, Victory House, Inc.

Seamands, David A. 1986 Healing of Memories, Colorado Springs, David Cook; New Edition Publishing

CAMBODIA

비전: 오아시스 하우스 캄보디아의 비전은 캄보디아를 치유하시는 예수님의 사역에 함께 하는 것입니다! 우리는 창세기 12장 1~3절 말씀대로, 캄보디아가 위대한 국가, 위대한 이름, 위대한 축복이 되는 것을 보기 원합니다.

우리의 목표: 상담과 훈련, 돌봄을 통해 개인, 가족, 공동체에 전인적 사역을 제공하여, 하나님께서 본래 모든 인간을 위해 계획하신 정서적 안정과 풍요로운 삶을 모두가 경험할 수 있도록 돕는 것입니다.

여러분의 사랑과 후원에 감사드립니다!

◆ Support via Internet: www.blesscambodia.com

◆ Email: oikosjenny@mac.com

◆ 오아시스 하우스 링크: tinyurl.com/wdm2aj3p

◆ 한국 KEB 하나은행: 166-18-07737-7 예금주 : 오석환